48003CB00003B/1205

مثلث

برمودای من

روشنک نصیری

معرفی کتاب

در خلوت خودت به چی فکر می کنی؟ چقدر با احساست رفیـق هسـتی؟ رفاقت بااحسـاس، دریچـه ای شگفت انگیـز به دنیـای زیبای ناشناخته درون باز می کند تا تجربه ی تکرارناپذیـر زندگـی در لحظـه، شیرین تـر و ملمـوس تـر شـود. و نهایـت استفاده از گذرعمردرک شـود، قـدر زمان بیشتر دانسته شـود و راهـی اعجاب آمیـز بـرای تفکر نویـن، ابـزاری کـه بایـد باعـث شـناخت خودواقعـی شـود.

این کتاب قرار است تجربه های درک واقعی در گذرلحظه از عمـق احساسـی قلـب یـک زن احساساتی را بـه تصویـر بکشـد. کتـاب بـا روش اسرارآمیـز پررمـز و رازش بـرای اولیـن بـار، خواننده را به چالش شگفت انگیـز تفکر در خلوت خـودش دعـوت می کند تا با لحظات ناب زندگی اش ارتباط برقرار کند. کتاب می خواهـد کمکـی باشد کـه خواننـده ی عزیـز قطعـات بهم ریخته ی پـازل زندگـی اش را مثل مـن بیابـد. از مسـیر رشد و پیشرفت و زیستن در کره ی خاکی نهایت بهره را ببرد و بـا منبـع انرژی اتصال پیدا کند. ایـده ی کتاب در واقع بـا داستان های کوتاه و جذابـش قصـد دارد فلسـفه ی دوسـتی بـا خـود و توجـه بـه محیـط پیرامـون بـه صـورت متفـاوت بیـان کنـد تـا خواننـده از وقت گذاشتن بـرای خوانـدن سرشـار از رضایـت بیـرون بیایـد در زمـان تنهایـی و خلـوت خـودش، و بتوانـد در این جـاده ی زندگی بـا احساسـش رفاقت پیدا کنـد

و اما انگیزه ی من از نوشتن کتاب:

از ابتدا تا به انتها تغییر کرد که به صورت خلاصه بیان می کنم. در اوج فشار روحی و روانی، به طور اتفاقی یکی از مهم ترین و تأثیرگذارترین افراد فراموش نشدنی زندگی ام از دوران جوانی را، از طریق فضای مجازی پیداکردم. فضای مجازی پلی شد برای یک ارتباط ساده، بی آلایش، خالص و بی حاشیه از دوست کره ی زمین. از نوادر روزگار! که یکی عاشق نوشتن و حرف زدن و دیگری عاشق خواندن و گوش کردن. درابتدا تمام هنر خلاقیتم را درنوشتن به کار گرفتم تا از راه دور موردتوجه قرارگیرم (ترس ازدست دادن). درست مثل دختربچه ای که عاشق رقصیدن در یک مهمانی بزرگسال است، همین!

دقیقاً زمانی که همه چی به نظر خوب پیش می رفت ناگهان با یک تصمیم یک طرفه برای قطع ارتباط از قله ی شعف و شادی به دره ی غم و بی ارزشی سقوط کردم. برای فرار از افسردگی به نوشتن پناه آوردم، چون او به من یاد داد من خودم، مسئول ایجاد رضایت و شادی از زندگی خودم هستم. و من هم درس گرفتم. با تمرکز روی خودم در خلوت و تنهایی صمیمی ترین دوست خودم شدم و هرتجربه ای را با خودم تکرار کردم تا دقایقم از دست نرود. اعتمادبه نفس ازدست رفته ام برگشت و با توانمندشدن دنیایی ساختم که آغاز فصل جدید ماجرای زندگی من شد

زمان زیبای زنده بودنم را با درک احساس قشنگم از هر تجربه ای، ترکیب کردم که بی نظیرترین معجزه ی خداوند برای اتصال انرژی به بدن انسان است. این ارتباط به من یاد داد که

باید خودم را کنکاش کنم و با رهاکردن افکار مزاحم، لذت درک از طبیعت و هستی را مزه مزه کنم قبل از آنکه انرژی من از جسم خارج شود. این درک دلیلی شد تا شادی عمیق و حس رضایت

از زندگی در روی کره ی خاکی از درون من به بیرون فوران کند. معنای زندگی! بزرگ ترین هدیه ی الهی. پخش انرژی

این کتاب تقدیم می شود و به دو دوست ارزشمندم که بالهای پروازمن شدند از طریق تشویق من به نوشتن به فارسی و انگلیسی. کتاب من با سبک، به روز و خلاقانه، دیدگاه فلسفی یک زن احساساتی را به مسیر زندگی اش نمایان می کند برای نسل جدید. امیدوارم قدر همه ی لحظات عمرتان را بدانید و با خودتان دوست باشید
ناشر ویروس مثبت
روشنک نصیری

۱- با من بیا

و لذت تماشای زندگی زیبای از دست رفته ام را مدیون آن عینکی هستم که سراب باغ گل دوردست را آن چنان برایم شفاف و واضح کرد که با سرعت از کنار غنچه ی گل سرخی که کنارم بود گذشتم.

۲-فقط یک دقیقه

خود را میبینم که با فانوسی در دست به دنبال سایه ای افتاده ام که در دل شب باور دارم از هر نوری درخشنده تر و از هر درختی تنومندتر برای امید به تکیه دادن و نفسی تازه , گرفتن و دوباره در جستجوی یافتن راه ناشناخته ای که تنها لذتش صدای مسحور کننده ی خردشدن برگ های زیبایی است ، که سطح آن مسیر را پوشانده است . راستی ! من که سالهاست مرده ام ...

۳- چال . چاله . چالش

من هم مثل او هستم. مثل مادرم. یادش به نیکی. عاشق بافتن بود. فقط کافی بود سوژه ای پیدا کند تا از آن کلاف های نصفه و میل بافتنی اش هنر خلق شود. من هم هنر بافتن را از او به ارث برده ام. بافتن کلمات، و خلق یک اثر منحصر به فرد بنام تفکر خاص خودم. مثلاً من اینگونه می بافم.چال همان دو حفره ی کم عمق در پایین دو طرف لپ

بعضی از آدم ها که بر اثر خنده ی زیبایشان قابل رویت می شود. چاله هم می‌تواند حفره ای باشد فیزیکی کمی عمیق تر و اما چالش یک حفره ی عمیق متافیزیکی. درون چالش، یک طناب نامرئی وجود دارد. اگر به طناب متصل شویم ، چه عالی میشود . راه کمک باز می شود. پس هر هنری می‌تواند یک بافتن باشد. از یک گره شروع می شود. بعد گره ی بعدی و بعدی. درگیر هنرت که بشوی، مسیر خودش را پیدا می‌کند. هنر درس خواندن. هنرکارکردن. هنر ورزش. هنر پول درآوردن. هنر گوش دادن از راه دور. ببین! حتی دروغ گفتن هم هنر است.

گرچه فریب دادن هم کلمات را بهم پیوند می‌دهد. اما مثل بافتن برعکس می ماند.چون از ابتدا گره ها را برعکس می‌بافد.از آنجاییکه خلق اثر پشت و رو خواهد شد، هیچ اثر زیبایی در انتها قابل مشاهده نخواهد بود، که قابل تحسین باشد. راستی! تو چگونه چال و چاله و چالش را بهم پیوند می‌دهی؟

۴- معمولی ، معمولی پریم ، معمولی زگوند

ما معمولی ها سلول های تک ساخته ای هستیم که همه می دویم عقب نمانیم . چون عقب ماندن خوب نیست. عقب ماندن مورد تأیید مردم نیست. مردم فقط کسانی را دنبال می‌کنند که با بقیه متفاوت باشد. خوشگل متفاوت ، پولدار متفاوت، زبان باز متفاوت، هنرمند متفاوت ... . اما چه کسی این متفاوت ها را حمایت می‌کند؟ همین ما معمولی ها که تعدادمان زیاد است .

ما معمولی ها خیلی متفاوتیم. به سلامتی همه ی ما معمولی ها قشر متوسط جامعه !

۵- جادوی سبز، جادوی آبی، جادوی خاکستری

تنها و کسل که باشی به هر دری (app) سرک می کشی. دنبال چه می گردی؟ شاید یک چراغ روشن حال دلت را بهتر کند. بهتر شدن حال دلت را حس می کنی. دلت احساس می‌کند می‌خواد از تنهایی درآمدن پر بکشد. دنبال نور چراغ به مهمانی برود. امید به پذیرا شدن و درب به رویش باز شدن. آخر، نورش جاذبه دارد. جاذبه ای با یک ریسمان نامرئی. جاذبه تو را می‌خواند که با او به آن طرف خط بروی .آن دور دست ها یکی مثل خودت آن لاین و بیدار است. نور آن لاین قدرت جادویی دارد. من اسمش را گذاشته ام: جادوی اینترنتی. یک جادوی رنگی. رنگی که دلگرمی می آورد از حضور پررنگ کسی. شاید در چند قدمی! مهم نیست که چه رنگی روشن باشد. بالاخره انتخاب جادوی رنگ تو را از تونل مکان رد می‌کند و بعد زمان را کوتاه می‌کند. و مسافت را بی معنی. جادوی سبز، آبی، خاکستری. رنگ دلت گرم،که اینجا یکی هست. دقیقا مثل تو! پس تنها نیستی دیگر! کسل نباش.

۶- یا سیب دست آدم، یا سیب بر سر نیوتن
یا سیب طراح لوگوی شرکت اپل، راب جانوف

سیب، سیب است دیگر. سیب دوست داری؟ دفعه ی بعد که سیب برداشتی با هیجان بیشتری گاز بزن و لحظه ای درنگ کن . درنگ به این که این سیب تو را به چه مسیری می کشاند؟ آن مسیر خاص سرنوشت تو خواهد بود. در این مسیر طی شده، فرقی نمی کند سیب مال چه کسی باشد. از سیب دستان آدم گرفته که او را از بهشت رویایی(خیالی) بیرون راندند تا سیب نیوتن که جاذبه ی زندگی روی کره ی زمین را

۱۱

کشف کرد و بعد به دستان مبتکر لوگوی شرکت اپل، راب جانوف رسید که اینجا گویی دری باز شده، با علاقه به دنیای ارتباط با تارنمای گستره ی جهانی w.w.w با دنیای تنهایی و این چنین شد که ... سیب معنای زندگی یافت.

۷-احساس، ادراک، ادغام(شروع، وسط، پایان.)

چه جالب! نقطه، سرخط ! یادش بخیر ! واژه پر تکرار دیکته های دبستان! و آماده‌ی شروع سطر بعد .شروع آغاز یک احساس است. احساس لمس کردن ، دیدن ، شنیدن ،.... کاش می‌شد به امتحان علوم دبستان برگردم تا بنویسم که فهمیدم احساس چیست؟ احساس اولین نقطه ی اتصال به این جهان لایتناهی است. جریان برقی که باید به یک منبع وصل شود تا انرژی بگیرد ، زنده شود. احساس زنده ی من حرکت دارد و می‌رود تا دنیا را درک کند و لذت ببرد از هر آنچه میفهمد.لذت درک از احساس لمس کردن، بوییدن، چشیدن، و دیدن و شنیدن. گویی احساس من جفتش، ادراک را یافته است. شروع به وسط رسید . ادراک خود، مسیر است. ادراک مرد من است. درک احساس مرا به وادی سطر بعد از نقطه، ادغام می رساند. همانجا که فهمیدم پاداشش لذت یک پایان است. هر شروعی را پایانیست شاید دلپذیر.

۸-برادران سیروس، کومولوس، استراتوس، ...

ابرها شگفت انگیزند. سفید، رها، سبک، متفاوت، پر از احساس باریدن، در حال گذر. اگر ابر سفیدی بودم در بالای سر تو به قطرات بخار اجـازه می دادم تا باران شوند و ببارند. بارانـی که از قطره قطره

ی خاطرات ... (م ت ش) است . زمانی که گرمای قلب سوزانی بر اقیانوس بیکران چشمانم تابیده بود . شاید فرصتی می‌شد تا بر کویر سخت دل... (م ت ش) راهی باز شود با عطش و با اشتیاق و خاک دل... (م ت ش) از این آب گوارا سیراب شود . حس میکنی ؟ بوی خاک نمزده ی پس از باران را می گویم .! شاید در این حوالی دانه ای ره گم کرده از دل خاک بخواهد جوانه بزند. تپشی برای یک شروع دوباره !! قبل از اینکه جریان باد فرصت باریدن به سرزمین دل... (م ت ش) را از من بگیرد.

۹- چرا ، چگونه ، چون می شود

لحظه ای که چشمانم را می بندم تا خودم را آن دوچرخه سواری ببینم که باید مسیری را رکاب بزند. سربالایی دارد و نا معلوم . نفس کم می آورم ولی نمیتوانم بایستم . هنوز نمی‌دانم *چرا* باید رکاب بزنم ! خیس عرق شده ام و ضربان قلبم بالا رفته . آری سربالایی نفس گیر است . فکر می‌کنم بس است دیگر نمیتوانم . ولی اگر لحظه ای درنگ کنم جاذبه مرا به پایین می‌کشد ، عقب خواهد راند. من که تمام تلاشم را کرده ام ، *چگونه* می‌توانم باز هم ادامه دهم؟ ناگهان ...در این نقطه ی بی وزنی و رهاشدگی تمرکزم روی رسیدن می‌رود .انرژی م بیشتر می شود.

آن سلول های قشر خاکستری فرماندهی می‌کنند همانند مهندسین فعال تا تمام نیروها در اعضای مختلف بدنم با هم کار کنند. پاها، دست‌ها، چشم ها، گردش خون، تعریق پوست، تنفس و قلب، دیگر حتی معده و روده به گرسنگی و پر شدگی فکر نمی کنند .

آنها یکپارچه شده اند و من هنوز بی خبرم؟ بالاخره به اوج قله ام می‌رسم همان نقطه ای که برنامه ریزی شده بود، باید آنجا باشم. از

دوچرخه پیاده می شوم و مسیر زیر پایم را می نگرم. سکوت، طبیعت و من. اوج کمال. این مــن بودم که مسیر را پیمودم . زنجیره ی اتحاد اعضا کم کم رها و باز می شود و اعضا سر جای خود بر می‌گردند. دستور مغز برای استراحت. این بود نتیجه ی اتحاد اعضای بدنم. *چون* باید به هدف می رسیدم. به امید رسیدن به هدفهایتان ، آمین

۱۰-نباید ، شاید ، باید

اینجا می ایستم با تو گپی بزنم. در یک چهاراهی پشت چراغ قرمز ایستاده ام . ناگهان چشمانم روی رنگ‌های چراغ کلید می شود. رنگ های چراغ را شبیه عقاید و باور های زندگی ام ترسیم می‌کنم که به دنبال هم می آیند .قرمز به من محکم می‌گوید. آنجا که نباید ها ، اصول اخلاقی ام میشود . نباید دروغ بگویم. نباید دلی بیازارم. نباید ناحق بگویم. نباید خشمم را سر کسی خالی کنم. نباید ناامید بشوم. نباید بی تفاوت باشم. زرد اختیار را تداعی می‌کند. شاید نیاز است بیشتر بفهمم. شاید بهتر است کمتر سخن بگویم. شاید ورزش کنم حالم بهتر شود. شایـد بخوابم خستـگی ام برطرف شود. آیا می بایست آنجا باشم اگر نیاز است به خاطر تو ؟ اگر نشد ، چه ؟؟؟ شاید به نشانه های که دنیا برایم می فرستد توجه کنم ، ولی اگر نشد چه ؟؟؟ شاید فردا راجع بهش فکر کنم اگر دارم اشتباه می‌کنم.

سبز هم قاطعانه می‌گوید. باید از درد عبور کنم. باید از حرف مردم بگذرم. باید از شکست نهراسم. باید تمرکز کنم. باید برای خودم و دنیا انسان بهتری باشم. دفعه ی بعد که پشت چراغ راهنمایی ایستادی نباید و شاید و باید هایت را مرور کن . حال دلتون خوب

۱۱-*ه* . و . ش *

این روزها بحثش داغ شده است. هوش مصنوعی را می گویم. هوشی که تعریفش می‌گوید قرار است توانایی انجام وظایفی که هوش انسانی نیاز دارد را به عهده بگیرد. تا حالا به هوش انسانی خود می بالیدیم که با داشتن توانایی ذهنی در قضاوت، درک و استدلال، و حل مسأله از بقیه ی موجودات متمایز هستیم و از آن فراتر ، داشتیم با مطالعه ی نوین انواع هوش ها و طبقه بندی آنها می پذیرفتیم ، هوش تنها منطبق در ریاضیات نیست. خودمان را عادت می دادیم که هوش کلامی، زبانی، موسیقی، درون فردی، طبیعت گرایی، انسانی همه شاخه های درخت هوش هستند. درختی که ریشه اش در مغز چند گرمی ماست . اگرچه تمام این سالها از هوش مصنوعی در قالب اینترنت و گشت و گذار استفاده می کردیم.

اگر قرار است گام بعدی تقلید فرآیند تفکر و استدلال و رفتار باشد و هم چنین از همه، نسخه ی بدلی بهتر شبیه سازی شود. آن وقت در دنیایی که نیاز به تفکر ندارد که مسئولیت رفتار اعمال را بپذیرد، پس دیگر چه کاری می ماند که باید به عنوان شاهکار خلقت انجام داد؟ آن درختی که حتی ریشه اش هم قرار است مصنوعی شود.

AI: Artificial Intelligence

۱۲-*فریاد بلند سکوت*
بگذارید در مقدمه اعتراف کنم.

فریاد بلند سکوت الهام از یک جمله ی معروف است. فریاد زدن را به مرور یاد گرفتم. از هر کسی اندکی. بلند و بلند تر. هر چه فریاد بلندتر، مسیر ارتباطی سخت تر و سنگلاخ تر. چرا فریادم بلند می‌شد؟ دیده نشدن یعنی؟ کودک درونم صدایم می‌کرد و تقاضای کمک داشت. چرا مدام بلندتر می‌شد؟ کودک آسیب پذیر من به دوران نوجوانی رسیده بود و راه دیگری جز فریاد زدن بلد نبود.

فریاد بلند و مسیر پرچالش ارتباط دو گزینه ای شدند که مرا سراسر اضطراب کردند. یادش بخیر! بانویی به من آموخت: سکوت را تمرین کن. سکوت در خودش قدرتی نهفته دارد که در مسیر درست، آرامش به همراه می آورد. راهی که به آرامش برسد مرا قوی تر می‌کند تا به خودم مسلط باشم. به ناچار از میانه ی راهـــی که نیمه ی عمرم در آن گذشت با این اندیشه که فریاد بلند از کودک درونم حمایت می‌کند برگشتم. جایی که کلام یا منطق کار نمی کند، بگذار سکوت فریاد بزند. شاید فریادش سرشار از ناگفته هاست. ناگفته ای که شاید می گوید با من کمی مهربان تر باش. هنوز حرفی برای گفتن باقیست...

۱۳-*خانوم وایت، شمعدان، اتاق مطالعه*

از صندوقچه ی خاطراتت خاطره ای را به من قرض بده. قول می‌دهم آن را برگردانم تا هرازگاهی نه خیلی زیاد که تو را از زمان حال غافل کند سری به آن بزنی. حال به من بگو کدام بازی کودکی ات را

بیشتر دوست داشتی؟ فوتبال کوچه با دمپایی پلاستیکی، زنگ زدن درب خانه ی همسایه سرظهر، وسطی، والیبال، قایم باشک شبانه، دوچرخه سواری، فوتبال دستی ، خاله، معلم، دکتر، هفت تیر، ماشین بازی، کارت ماشین و هواپیما، پاسور، شطرنج، تخته نرد، ترساندن دوستان با ماسک وحشتناک، احضار ارواح، سرنخ با clue مونوپلی، اسم فامیل، نقطه بازی، لگو، منچ، مترو پله. به من نگو با هیچ کدام از اینها با دوستان و همسایه و همکلاسی و بچه های فامیل و خواهر و برادرت خاطره ای شاد نداری. اگر نه هنوز دیر نیست. باورکن! از این همه تجربه، بیشتر سرنخ برایم جذاب بود. چه کســی با چه وسیله ای و در کجا پیدا می شود . بین خودمان باشد اگر در بازی می باختم آنقدر با خودم تنهایی بازی میکردم تا درست حدس بزنم. زندگی راز سر به مهر زیاد دارد، صبر میکند تا تو با آن همسو شوی تا آنها را بازگو کند. اگر نشد تا ابد سرپوشیده خواهد ماند. به همین خاطر خانم وایت با شمعدان در اتاق مطالعه منتظر من بود.

.

۱۴-*دنیا. پهنه .تار (ورلد.واید. وب) *

بال‌هایت را روی شانه هایت بگذار و با من در خیال پرواز کن. دستت را هرگز رها نمی کنم تا پایت به زمین برسد. اگر فکر می کنی روی زمین احساس امنیت می کنی. بگذار بپرسم روی چه حساب این احساس امنیت را داری؟ مگر همه جای زمین مکانی است برای داشتن و ساختن یک زندگی توام با آرامش. تنها به فاصله ی چند ساعت، چند تصمیم، تمام شدن چند منبع انرژی و تشویق چند کشور برای جنگ و تغییر چند شاخص لعنتی ، بهشت (امن) ، جهنم (ناامن) و جهنم ، بهشت می شود. می خواهم راحت بگویم بال‌هایت را نگه دار تا هر زمان از تارهای تنیده ی دنیا به دورت خسته و کلافه شدی، پرواز کنی. آنها تو را از سکون در یک مکان نجات می‌دهند. عالم خیالت را بساز در یک گوشـه

ی دنج که خـودت می دانی و خودت. با کتاب‌هایت، با خلق انسانی در ذهنت، با گوشی همراهت، با موسیقی دلخواهت و یا شاید مثل من با یک برگ کاغذ و قلم. تجربه ی رها شدن به نقطه ی عطفی می‌رسد همان جا که اجازه نمی دهد افکار زاید مثل پیچک خودرو دور مغز بتابند. مغز که آسوده باشد بی نیاز از نیاز میشود. حالا از تو میخواهم پایت را آرام روی زمین بگذاری دوست من !با همه ی درد و رنج و سختی این زمین به تو نیاز دارد.

وجود تو *لطفی* است برای این دنیا . پس قدری بیشتر بمان.

۱۵-*خوب،بد، سیگار *

تنها صنعت تجاری که نیاز به هیچ تبلیغی برای فروش ندارد. بوم! یا حتی جالب‌تر اینکه با وجود تبلیغ علیه خودش و نشان دادن عکس ریه ی پوسیده در مقابل ریه ی سالم روی بسته بندی یا شعار مصرف بیشتر عمر کوتاهتر باز هم طرفداران خودش را دارد .خیلی مکان های عمومی کشیدن سیگار را ممنوع می‌کنند ولی همچنان در فیلم های هالیوود هنرپیشه های محبوب سیگار به دست با ژست های شیک و کلاسیک از قدیم تا به امروز با شجاعت بازی می‌کنند. دکتر با شـنیدن اولین صدای خـش یا خس در ریه توصیه اش به نکشیدن سیگار است در حالیکه همین آقای دکتر با سواد پزشکی با اشتیاق سیگار می‌کشد. پدرها و مادرها یواشکی سیگار می‌کشند تا حال روحی شان اندکی خوب شود و چه بسا هم که .اما این مسأله را از بچه های خودشان پنهان می‌کنند که مبادا آنها تمایل پیداکنند.

واقعیت این است تجربه ی پک های عمیق و فرستادن دود به انتهای ریه و اتصال این تبادل رفتار با سلول های مغزی در موقع استرس، هیجان، شادی، عصبانیت به جرأت از نوشیدن یک لیوان آب بیشتر عمل

می‌کند. باورش سخت است که این لذت وجود دارد. مخصوصاً در هوای بارانی یا در یک جمع دوستانه همراه با نوشیدنی یا هر تفریح دیگر یا بعد از غذا. خلاصه این دشمن ناسالم از یک دوست سالم عزیزتر است. هدف که رسیدن به حال مطلوب است، چگونه وسیله را توجیه می‌کند؟ تصمیم با شما!

۱۶-آماده، حرکت، شلیک

آماده باش. امروز کمی بازیگوشی کنیم. پس کوله پشتی ات را بردار. تمام چیزی که لازم داری در کوله ات باشد، کمی شهامت دیدن، جسارت تغییر و شجاعت بیان است. یک کاغذ سفید هم در کوله ات هست. قرار است مسیر بازی را نشان بدهد . خودش خودبخود واضح خواهد شد. آری می دانم این بازی کمی عجیب به نظر می آید. به محض اینکه بخواهی از دریچه ی چشمانت شهامت دیدن پیدا کنی حلقه ی اول نمودار می شود. دستت را دراز کن تا از حلقه عبور کنی. این حلقه را در کاغذ علامت بگذار. هیجان عبور از حلقه را دست کم نگیر . این هیجان جسارت تغییر را در تو بیدار کرد. مگرنه؟ حالا روی نقشه نقطه ی دوم را مشخص کن. از فرآیند تغییر در مسیر لذت ببر . اکنون وقت آن است از شجاعت بیان استفاده کنی. همان ابزار قدرتمندی که مثل معجزه عمل می‌کند. این معجزه در خدمت توست تا به سمت تکامل راه بیفتی. مگر بدون کلام به اینجا می رسیدیم؟ این هم از حلقه ی آخر. پس دکمه ی پلی را بزن . بازی شروع شد.

۱۷-*مسی، رونالدو، علی دایی
رونالدو، علی دایی، مسی
علی دایی، مسی، رونالدو*

بعید می دانم کسی عاشق توپ باشد و این سه را نشناسد. خب اینکه جای بحث ندارد. اسطوره های فوتبال بهترین بازی خودشان را در زمین ارائه می‌دهند که دیگر حتی توپ هم می خواهد زیر پای آنها بغلتد که احتمال گل شدن و معروفیتش بیشتر است. این شباهت بود. ولی من مشتاقم یک تفاوت از آنها بیابم. تفاوت اولین اولویت عشق زندگیشان. رونالدو که همه جا مادرش را بعنوان اولویت معرفی می‌کند و خوشحال کردنش. در جایی که مسی عنوان می‌کند از کودکی عاشق همسرش شد و خوشحال کردن و نگهداری از او جرقه شد برای دنبال کردن هدفش.

برای علی دایی ما عشق به وطن و خوشحالی مردم انگیزه ی اصلی دویدن توپ در زمین بود. خوشحال کردن دیگران، انگیزه ی لازم! حالا چه فرقی می‌کند؟ همیشه یک دلیل کافیست برای تبدیل جرقه ای از انرژی پتانسیل به انرژی جنبشی. انگیزه شرط لازم. حالا تو بگو شرط کافی چیست؟ استفاده از انرژی درون. لازم ها متفاوت. کافی ها متشابه. و این می‌تواند معادلات ذهن را بهم بریزد. در دنیایی که آموزش می‌دهد اولویت همیشه خودت هستی. به هرحال! ۳«۳»۳

۱۸-*ویتامین دی . ویتامین سی . ویتامین پلین *

خیلی وقت بود که می خواستم راجع به این مکمل بنویسم، مطالبش جور درنمی آمد. ای وای از دست این ویتامین دی که چند سالی است اگر در آزمایش هایمان کمی پایین تر از حد باشد خودمان و دکترمان از همه ی فاکتورهای دیگر چشم پوشی می‌کنیم. تا ویتامین دی را نجات دهیم و به حد مجاز برسانیم. با اینکه پشت سرش حرف و حدیث زیاد است، درست مصرف کردنش هنر دانستن لازم دارد. فعلاً همه با این ویتامین مد روز ارتباط گرفته اند به غیر از من. ویتامین سی که من مخلص ش هستم. از ابتدا تا انتها. اصلاً برای من همه چیز است. کار یک جلسه روان درمانی، شادی تراپی، دوست خوب و باوفا و قابل اطمینان. و اما ویتامین پلین فعلاً وجود خارجی ندارد. در فرض من کار یک رشته سیم مقاوم بافته شده با روکش پلی اتیلن، را می‌کند که به علت توازن و مقاومتش بسیار محکم است و خودباوری از اثراتش. الان می خواهم از ویتامین مشتق بگیرم. ویتامین (دی سی پلین). اگر گیج کننده است، شاید با دوباره خواندن بهتر شود. این ویتامین مکمل ذهن است. مکمل ها مصرفشان اندازه دارد. #

امضا مصرف کننده ی ویتامین

۱۹-*راز شجاعت رویا *

برای کسانیکه در یک قدمی رویایشان ایستاده اند و نمی دانند که باورش سخت است دانستن اینکه رویاها طعم دارند...اگر رویایی هست که هنوز نرسیده است شاید که طعمش دارد می پوسد. آرام آرام که می آید از کجا معلوم نیست! خودش را به قسمتی از روح و تمام وجود بدن

گره می زند، چون می خواهد باشد. کوچک است و و قابل کنترل و شیرین.

بگذار برایت بگویم: رفته رفته که بزرگ می شود چهره ی ناز و معصومش تبدیل به جنگجوی غیرقابل کنترل می شودو طعم شیرینش به ترش نزدیک، حتی رفتن به رینگ (حلقه) سرنوشت می طلبد تا برایش جنگید. گاهی بخاطرش تا در حد مرگ کتک خورد. معلوم نیست که در انتها برنده با بازنده است. چون می خواهد از پوسته ی فکر به واقعیت زندگی تبدیل شود و این رشد درد دارد.

بگذار برایت بگویم: اگر رویا پیر شد و دور از دسترس، طعمش تلخ وپوسیده می شود و تا ابد می ماند. رویا ها بستگی به شخص دارند. یا الان یا هرگز. گاهی می آیند اگر باید باشند با شجاعت متولد شوندتا خوشحال کنند. اگر توانش نیست بهتر است فراموش شوند که زمان زیبای زندگی کردن را نابود نکنند و بروند. چون هر نطفه ای به نوزاد تبدیل نخواهد شد.

۲۰-*جامد، مایع ، گاز *

این بار همه چی با یک مثلا شروع می شود. مثلاً این یک واحد شیمی است. شیمی فکری (اندیشه). خب قرار است هر چیزی که فضا اشغال می‌کند ماده باشد و با توجه به اجزای تشکیل دهنده، ثابت یا متغیر و قابل اندازه گیری. جامد، مایع، گاز. حالا کمی متفاوت تر. حواس را کامل لازم دارم . قالب فکری جامد: ابعاد مشخص و ثابت. به هیچ صراطی مستقیم نیست. از ابتدا تا انتها یک باور دارد و حاضر به تغییر نیست. جامد همه جا جامد است. چه در دنیای مادیات چه در ذهن. درست و غلط بودنش را نمی گویم. مثل: خاک. قالب فکری مایع: پذیرای تغییرات. انعطاف پذیر .انگار با همه چی جور درمی آید. کلاً سخت نمی

گیرد. چون اصلاً سخت نیست. شفاف و روشن. با اصلیت ثابت. مثل : آب. قالب فکری گاز: بلاتکلیف و سرگردان. ماهیت و هویت قابل تغییر با هر دما و فشار. ذهن پر از باورهای تو درتو. به علت حرکت سریع، دائم و نامنظم . چون باورها متراکم و پراکنده اند. ممکن است در ظاهر ساکت و آرام و جامعه پسند باشد. تصمیمات سریع و آنی در ذهن می چرخد.

حرکت یک آتش نشان برای نجات یک انسان در مقابل گرفتن جان انسانی دیگر بوسیله ی تیرانداز، برداشت را ملموس تر می‌کند. اینجا به حرف ارسطو رسیدم: همه ی مواد موجود در زمین از چهار عنصر، سه ماده و یک انرژی (آتش) هستند. خب این واحد هم پاس شد!

۲۱-*دات. دات . دات*

واین داستان ادامه دارد. پایان باز و مطلوب. پایان بسته و نامطلوب. سخن ناتمام.حذف تکرار. بدون انتها.جای خالی با چند گزینه برای انتخاب .سکوت گفتگو. و الی آخر . کدام آخر ؟ آخرش با کمک تو تمام میشود . اصلا تو جای خالی را پر کن . این سه نقطه ی جالب و پر رمز و راز. رمز و رازش برداشت و دانش شخصی می خواهد. برحسب کلمات قبل و بعدش یا کل جمله، سه نقطه معنی پیدا می‌کند. شاید تنها علامت نگارشی باشد که ذهن، خودش تصمیم می‌گیرد معنایش کند. (حروف، اعداد، علامات، نشانه ها، تعریف شده اند). این سه نقطه ی بامزه افسارش دست ذهن است. در جایی خواندم قرار است که درک مطلب را برایمان آسان تر کند ولی با حذف تکرار می گذارد سوت پایان را ذهن بزند.

معنایش هم در تاریخ و ادبیات و ریاضی و کامپیوتر متفاوت است. گاهی یک جورایی در صنعت فیلم هم هست. آنجایی که کارگردان آخر

فیلمش را باز و ناتمام می گذارد و بیننده سرگردان و حیران که داستان ادامه دارد. این جوری ها

۲۲- ببخشید: شغل شما؟ زمان:هفته ی اول مدرسه. مکان: مقطع ابتدایی دوم به بالا (دیالوگ بین معلم و دانش آموزان.)

یک برگه ی سفید بردارید . نام و نام خانوادگی و شغل پدر و مادر را بنویسید. این سوال تکراری هر سال را به یاد دارم . آخرش هم نفهمیدم این شغل برای چه پرسیده می‌شد. هنگام ثبت نام که قطعا مستقیم یا غیرمستقیم معلوم می‌شد . بیشتر پدر و مادر ها هم که تحصیلات و درآمد بالاتری داشتند احتمالا خودشان داوطلب بودند زودتر عنوان کنند قبل از اینکه کسی از آنها بپرسد.بزرگتر که شدم، بازیگوش تر و شیطان تر. در جواب شغل پدر می نوشتم: وزارت دادگستری. طبق حدسم معلم مرا صدا می‌کرد توضیح دهم پدر چه سمتی دارد ؟ من هم جواب می دادم : نمی‌دانم . شاید وکیل باشد. و سوال بعدی : بپرس و بعدا جواب بده . و من تا جایی که میتوانستم طفره می رفتم. ای شغل ! مگر تو چه هستی؟ که این قدر مهمی؟ تو که من نیستی. اول قرار بود نتیجه ی آرزویی باشی که من داشتم تا خوشحال باشم. حالا وسیله ای شدی که اعتبار و ارزش من به تو باشد! اگر تو را نداشتم آیا بازهم خودم و دیگران برایم ارزش قائل بودند؟ این سوال در برگه ی ارزش های انسانی بی جواب خواهد بود .

۲۳-*لبخندم ، چشمانم ،قلبم*

چه خوب می‌شد اگر میدانستم من دلیل لبخند تو هستم.بله !خود تو که داری نوشته را می خوانی. ارتباط لبخند من و تو تنها ویروس مثبت جهــان است. کاش می‌شد نگاهم را به نگاهـت می دوختم. آنوقت پلی می‌شد میان قلب هامان. همان باتری های پر شارژی که این روزها بدون استفاده انگاری سولفاته می‌شوند .از ترس اینکه مبادا بیهوده خالی شوند . اصلا در بسته بندی نگهداری می‌شوند. روزگار عجیبی است هیچ چیز سرجایش نیست .آدم ها دوست دارند ربات باشند . ربات ها انسان . مردها زن و زن ها مرد . بزرگتر ها کوچک و کوچکترها بزرگ .باز هم حرفهای تکراری !. به من بگو ، روشنک خانوم ! حرف جدید چه داری ؟ آنوقت میگویم تو را جان خودم یک ثانیه با من بخند تا خستگی از تن من درآید. یک‌هفته دارم فکر می‌کنم چه بنویسم تا تو شاد شوی . تقریبا از وسط دو نیم شدم . چک شادی سلامتی امروزت پرداخت شد با همین لبخند زیبایت.

ارادتمند: ناشر ویروس مثبت

۲۴-*گوشی همراه عزیزم*

از طرف : روشنک

به : گوشی همراه عزیزم

سال نو مبارک! (۲۰۲۴) می خواستم نوروز (۱۴۰۳) را با این متن شروع کنم . ولی سوژه الان آمد . گوشی جان نمیدانستم یک روزی از رگ گردن به من نزدیک تر می شوی. پرت و پلا می گویم. ارتباط ما نیاز یا عشق؟ روراست بگویم. از همه برای من، مهم تر شدی. همه جا با منی. ثانیه به ثانیه. قدم به قدم. مدام چکت می‌کنم و به هیچ کس نمی

سپارمت. همه اسرار مرا می دانی. لطفا به هیچ کس نگو من چند تا سلفی دارم. این روزها همه این کار را می‌کنند. مرا قضاوت نکن. رازدارصدای خنده ها و گریه های من. داد و بیداد و شیطنت ها. تماس های بی پاسخ و پاسخ سریع و پیدا کردن اطلاعات و حتی تعیین مسیر. خلاصه ی کلام. بی تو فلج هستم. من محتاج تو ام. همه ی جانت، باتری ات را تا آخر استفاده می‌کنم .

توی رابطه مان اصلاً بازی درنمی آوری تا به من آسیب بزنی. مثل تصویر یک رابطه ی یک طرفه به نفع من که قدرت ازخودگذشتگی بدون توقع تو را در رابطه نشان می‌دهد . مگر جان به لب شده باشی و من از تو خوب مواظبت نکرده باشم یا دلم تنوع بخواهد . ای من بی معرفت !! آنوقت است که کار تمام است ، سپس از مقام دوست می رسی به اختراعی در انتهای جاده ی رابطه. اختراعی بودی که تنها ها را تنهاتر کرد. در حالیکه همه برای داشتن تو دنبال تراشیدن منطق هستند من میگویم: بهانه ی شیرین. چه مدت می‌توانم دوری ات را تحمل کنم؟ و نبینمت؟ تو چی؟ تو هم به من دلبسته ای؟

۲۵-آبی ، قرمز ،زرد

می توانی بدون توجه به رنگ تیم فوتبال مورد علاقه ات یکی از این سه رنگ را انتخاب کنی؟ (آفرین)! رنگ ها حرفی برای گفتن دارند. کافیست درجه ی غلظت و ترکیبشان را کم و زیاد کرد تا دنیای وسیعی لغات در این تغییر معنی پیدا کنند. کاری که یک هنرمند نقاش با رنگ می‌کند تا حرفش را به بیننده در سکوت بزند. قبلاًتر ها فکر میکردم بین این سه رنگ، زرد را انتخاب می‌کنم. ولی رنگ من از پیش تعیین شده بود. بهتر است بگویم اختیارش با خودم نبود. لایه هـــای درونیم به زبان قـرمز سخن می گویند. همان که جانم را به آتش می‌کشد و می سوزاند. البته شعله اش خودم را هم گرم نگه می دارد. جداً!! داستان تجربه ی

تفکرعجیب من : به آزمایشگاه برای خون گیری رفته بودم . ناگهان فکری به خاطرم رسید . مایعات اصلی بدن هم با همین سه رنگ تعریف می‌شوند.قرمز نماد خون (چرخه ی بسته و محدود) ، آبی نماد آب (چرخه ی باز و نامحدود) ، و پلاسما زرد رنگ . غرق در افکارم بودم که خانم مسئول گفت : عزیزم! بلند شو! تمام شد. خونت غلیظ است. دفعه ی بعد که آمدی، آب بیشتر بنوش. نمی‌دانم چرا یاد این جمله افتادم. مگر خون من از بقیه رنگین تر است؟ با اجازه ی بزرگتر ها : بله !..,

Teach.No.Logy-۲۶

امروز تیتر فارسی نداریم . با من تا آخر بحث باشید متوجه می‌شوید. قبول ؟

خواننده : نه !

من : چرا نه؟

خواننده : نه! عجیب است دیگر. روشنک ! مگر می شود مبحث بدون تیتر؟

من : تو یک تیتر پیشنهاد کن ، من می نویسم .

خواننده : نه! چرا من سوژه بدهم. تو قرار است بنویسی.

من : فکر کردم یک چالش ذهنی جدید باشد.

خواننده : نه! به نظر مسخره میاید . منظورت چیست؟ من : بیا بحث را عوض کنیم. کامل توضیح می‌دهم.

خواننده: نه این طـوری که خیلی کسل کننده و عادی و بی مزه می شود.

من : دوست داری اقتصادی ، سیاسی، جنگی ، دستور آشپزی یا از فقر و بدبختی بنویسم ؟

خواننده : نه ! دیگر دلمان و فکرمان پر است و جیبمان خالی. توروخدا تو متفاوت باش. عزیزدل !

باید جمع بندی کنم . داستان تخیلی از توصیف استفاده ی « نه »

شناسی بود البته بصورت مقدمه . چون به نظرم اظهار مخالفت با سریع
« نه » گفتن و یا همیشه رودربایستی داشتن و « نه » نگفتن مثل دو سر
مخالف یک محور است . اگر « نه » صفر محور باشد. بیشتر از این بحث
کارشناسی می شود . من فقط سوژه یاب هستم. تحقیق و تفکر از شما
اگر هنوز جوابت « نه » نیست . !

۲۷- عادت خوب (خر) ...

سلام دوستم ! باز من و عادت جدیدم آمدیم . عادت به نوشتن و
پست کردن در فضای مجازی . امروز کمی درددل کنم . میبینی عادت
های قدیمی عوض شده اند. در دنیای امروزی عادت ها را چکار کنیم ؟
نگه داریم ؟ یا دور بیاندازیم ؟ یا به اصطلاح نوسازی شان کنیم ؟ مثلا
همین خود من ، از بچگی عادت داشتم زود سلام کنم . هنوز دارم .
کوچک و بزرگ و پیر و جوان و دختر و پسر ندارد که . ناگهان افتادم توی
یک دوره ی زمانی و مکانی زود فهمیدم حتی جواب سلام دادن خوشایند
نیست . چه بسا بهتر راهت را بکشی و بروی . انگار نه انگار که دیدی .
همه یک جورایی میخواهند پرشان به پر کسی نگیرد . اگر قرار است
دیالوگی با یک سلام شروع شود . دفعه ی آخر که همسایمان را در
آسانسور دیدم خواستم با لبخند سلام کنم . سرش را پایین انداخت تا
چشم در چشم نشویم . دهانم قفل شد و سلامم را قورت دادم .من هاج
و واج ماندم با این عادت که از کودکی با من است . عادت ها چقدر
کهنه می‌شوند . توی شیشه ی راهرو کنار درب آسانسوربه خودم خیره
شدم . چه چیز را جایگزین سلام کردن کنم . برای شروع یک دیالوگ زیبا
و کوتاه و ظریف

۲۸- استروژن ، پروژسترون ، تستسترون
(متن بر اساس نظر شخصی ، سند علمی ندارد)

زنانگی با ترشح همان هورمون ها شروع می شود. زمانیکه برای اولین بار درد زیر شکم و دیگر علائم حسابی غافلگیر کننده بروز می‌کند . تجربه ی حس زنانگی آرام آرام درون جسم شکل می‌گیرد. حس جلب توجه گرفتن از جنس مخالف و خجالت از بروز اولین برجستگی‌ها. آن هورمون های درستکار کارشان را به درستی انجام می‌دهند . و من یک عذرخواهی به خودم بدهکارم. بابت روزهایی که هورمون ها می خواستند به من یاد بدهند تا آنها را بعنوان جز جدایی ناپذیر قبول کنم و از زن بودن خودم لذت ببرم و با آنها کنار بیایم. چون با آنها سر جنگ داشتم. مردانگی برای یک زن اما با انجام کارهای مردانه شروع می شود.

آنجا که برای کوچکترها و ضعیف ترها نقش یک قهرمان می شود. مثلاً با کشتن سوسکهای حیاط هنگام بازی ، گذاشتن زباله دم درب و خرید نان و چند سال بعد با یاد گرفتن قول مردانه و گاهی برای مادرش پر کردن نقش احساسی شریک عاطفی ش و یا شاید پنهان کردن احساس قوی و منطقی رفتار کردن (نه لزوماً همه). این هم از حضور نقش تستسترون هر چند که تنهایی حریف دو هورمون زنانه نمی‌شود که البته درستش هم همین است . چقدر دوستشان دارم هورمون ها را که مرا از ربات بودن دور نگه می دارند . و من چقدر خوشبختم که با هم در صلح بودند و مرا با دوگانگی جنسیتی بهم نریختند.

.

۲۹- طول ، عرض ، ارتفاع

سلام ، الان چشمم به آن عنکبوت کوچولو موچولویی افتاد که با اون نخ ظریف از گوشه ی کنج اتاق دارد تاب می خورد . لطفاً جیغ نکشید !. مگر چکار کرده ؟ فقط کافیه نوک انگشتتان به گوشه ی تار بخورد تا سریع خودش را بالا بکشد مزاحم نباشد. ردش را دنبال می‌کنم. تست خوبی برای بینایی سنجی شد. تلاش می‌کنم هم پای من تجسم کنی. تجسم کنی تا بیشتر از مسیر خواندن لذت ببری. هم پای اون کوچولو از کنج سقف اتاق، تلاقی هم زمان طول، عرض، ارتفاع. شگفت انگیز است، نیست ؟ نه فقط یک بعد، بلکه سه بعد . برای تکمیل فضاسازی یا درک از حجم. یک گام جلوتر . حجم چیست؟ فضای جسمی (فیزیکی) ، فضای روحی (متافیزیکی) و اتصال و اثر سه بعد. نتیجه و اثر هر سه بعد پشت هم می آیند. طول یا راه و رسم زندگی (شریعت) ، عرض یا آگاهی به علم و مسیر زندگی (طریقت) ، و عمق و معنای درک از خود و بالابردن سطح انرژی از قیود دست و پا گیر (حقیقت) . دیگر میخواهم دست از بازی با واژه ها بردارم . آسوده باش ! آنچه مهم است ، رشد. رشد. رشد . برای رشد باید افکارم را از درون تار بیرون بکشم دیگر مهم نیست ، هر چه می خواهی مرا بنام. روش . روشن . روشنک

۳۰ - ساحل نیوپورت بیچ ، ساحل آرام ، ساحل عاج

سلام جااانم ! فکر کردم زودتر میایی! اما نیامدی. تنها بودم . دلم گرفت. کوله ام را برداشتم رفتم ساحل نیو پورت، یک هوایی تازه کنم. کمی گوشه ای بنشینم و بنویسم .یا روی شن ها راه بروم. یا دراز بکشم یا پایم را در آب بگذارم. یا به اقیانوس خیره شوم و صدای امواج را گوش کنم. خلاصه یک کاری بکنم تا به آرامش برسم. هرچند آرامش همیشه خودش مرا پیدا می‌کند. ولی حیفم آمد سراسر وجودم را با بودن در طبیعت زیبا لبریز نکنم . لای درب را باز گذاشتم . اینجا چیزی برای دزدیدن نیست جز دل صاحبخانه. اگر زودتر رسیدی من نبودم از خودت پذیرایی کن. و راحت باش. دل من و درب خانه به روی دوستان باز است. چقـدر هوس یک قهوه ی تلخ با شکلات کاکائویی کردم. تعریف از خود نباشد، لذت خوردن شکلات را فقط حرفه ای ها درک می کنند. مزه اش که روی زبانم می آید چشمانم مثل الماس می درخشد. چون بهترین لذت دنیا یعنـی مزه کردن را می فهمم. این را هرکسی که مرا شناسد، می داند. دوست دارم روزی بروم ساحل عاج همان جا که می گویند قهوه و کاکائویش معروف است. آنقدر شکلات بخورم که شاید طعم تلخ دوریت را برایم شیرین کند.

۳۱- *طلا ، زمان ، سلامتی*

یک دقیقه بیشتر وقت داری؟ از صمیم قلب میخواستم باور کنم سلامتی اولین اولویت است. ولی خب! این یک ایده آل ناباورانه است، نیست؟ بنظرم بیچاره سلامتی دم دستی قرارگرفته است. این سناریو منو یاد نیتروژن می اندازد با اینکه عنصر حیات برای ساختن دی . ان . ای هست ، و بعضی جهات مهم تر از اکسیژن ولی کمتر به چشم می آید کجا بودم؟ که سلامتی دم دستی قرار گرفته است یعنی هر جا کم می آوریم از سلامتی مایه میگذاریم و سلامتی را فدای استرس، تغذیه ی نامناسب ، تفریح ناسالم می‌کنیم بعد هم جمله ی معروف: هیچی بهتر از سلامتی نمی‌شود. خوش بحال آدم های سالخورده که فرصت دیدن عجایب بی انتهای دنیا را داشتند البته اگر همه ی عمرشان را صرف خانواده، پول و سکس نشده باشد . یعنی اگر جوان بشوند باز هم همین کار ها را می‌کنند؟ ولی همین کارها را جامعه بعنوان استاندارد خوب معرفی می‌کند، پس گناه در چیست؟ آیا کسی هست که از من بپرسد برای شما چی اولویت هست ، خانوم؟

من هم می گویم : زمان . یافتم ! یافتم ! (خدا ارشمیدس را رحمت کند). حالا فهمیدم چرا نگاه کردن به ساعت برایم جالب است! آنالوگ،کامپیوتری، کلاسیک دست ساز، هر مدل و سایز. با عرض معذرت بغیر از آقای / خانوم اپل واچ چون یک ترکیبی از سیستم بچه کامپیوتر و ساعت شده ، نمی‌توانم ساعت خطابش کنم. نمی‌شود یکی جلوی این دور باطل (گذر زمان) را بگیرد . البته نه اینکه کل میز را بچرخاند و زمان را به عقب برگرداند، برای همان تجربیات تکراری. توقف زمان فرصتی می‌دهد برای لینک شدن به پدر عزیز (مغز)، مادرعزیزتراز جان (قلب) ، و فرزند نور چشم (یک حکایت دیگر). دنیا هم در جستجوی

طلا ، پول یا زمین . آنوقت میگویند: پول چرک کف دست است . خب ! دست ها را باید شست . از جستجوی طلای غرب کالیفرنیا تا جنوب آفریقا وسرزمین پهناور خاور دور در هند. می گویم ، بهتر نبود ، زمین سه گوش بود ؟ شاید سرخوردن از هر ضلعی برای رسیدن به یک گوشه تا گوشه ی دیگر این قدر راحت نبود. هر کس سر جای خودش مینشست. میشود با یک *لطفی* مرا غافلگیر کنید ؟ هر جا چشمتان به ساعت افتاد یاد من باشید. بخشندگی و ارتباطات قشنگ از جایی شروع میشود که آدم ها برای همدیگر وقت داشته باشند. وقت گذاشتن بی قیمت ترین هدیه ای که می‌توان به کسی داد.مرسی از هدیه ی قشنگی که به من دادید . ساعت دلتان کوک ! برایتان آرزو می‌کنم در حین پیمودن مسافت برای یافتن طلا (X) ، در گذر زمان (T) ، به سرعت (V) تاج‌سلامتی از سرتان نیفتد. آمین

۳۲- قاشق ، چاقو ، چنگال

درب همــه ی کشــوی کابیـنت را باز کرد. دریـغ از یک تمـیز آن! می خواست سوپ قارچ بخورد. حالا یاباید با کاسه هورت بکشد (۱) یا از خوردنش منصرف شود (۲) یا یک قاشق بشوید (۳) . شاید بعدش هم یک پرتقال بخورد. پس یک چاقو هم نیاز دارد . دیگر اگر چاقو پیدا نکند. واویلا !!! همه ی اعتبار یک آشپزخانه به چاقویش است. وگرنه بی ادبی نباشد درب آن آشپزخانه را باید ... بست ! چنگال هم دیگر لو رفت. کاراکترها بر حسب زمان اختراع وارد صحنه ی تئاتر زندگی شدند. و چه جالب که سالها فقط نوع استیل محبوب دل ها و کاربردی . حالا نوع پلاستیکی هم بعنوان پشتوانه بد نیست موقع عجله ای یا توی جاده. ولی وسط خوردن بشکند، بگو ؟ اشتها کورکن! شاید چه سوژه ی کسل کننده ای برای یک مصرف کننده ی روزانه . چون این عادت پیش پا افتاده هر روز بی صدا و بی اهمیت می آید و می‌رود. عادتها چه زود.

من هم وقتی مادرم بعد از سکته ی مغزی وسیعی که داشت و کنترل اعصاب و اندامش فلج شد. روزی چند بار موقـع غذا خوردن قاشقی را که می خواست با یک دست ناتوان و نحیفش نگه دارد فهمیدم عادتهای ساده قرار نیست همیشه بمانند. بغض دارم. بگذار بروم.

۳۳- سلام مهمان ناخوانده

بگو ببینم مهمان نوازی ات چطور است؟ با مهمان ناخوانده چگونه رفتار می کنی؟ آنکه انتظارش را نداری. یا حتی بگویم موی دماغت می شود. تمام انرژی ات را می‌گیرد. صبر کن! عمیق تر بشوم. اصلاً زورت به آن نمی رسد که راهش ندهی. دقیقاً منظورم همین است. یک روزی بی مقدمه خودش می آید. خودش را مهمان می‌کند. هر جا هم که بخواهد سرک می‌کشد. همان که برنامه ی زندگی ات را تا به کی نامعلوم بهم می ریزد. اگر در سرت مهمان شود، تعادل راه رفتن را از دست می‌رود شاید تهوع و زنگ گوش هم در سبدش. اگر تصمیم بگیرد دور بدنت بچرخد، درد مبهم با ریشه در ناکجاآباد. اگر روی سینوس بنشیند، واویلا ! آن قدر اتاق تو درتو و پنهان زیاد است که جاخوش می‌کند . هر چه سعی کردم با روی خوش پذیرایی کنم نشد که نشد. فکر کردم زمان ارزشمند زندگی ام دارد تمام می شود. همان زمان این متن در حال تلاش برای وانمودکردن اینکه همه چیز خوب است در رختخواب به ذهنم رسید. از لای چشمان پف کرده یکی بسته و یکی باز ، پوشیده با پماد انتی بیوتیک، تند تند نوشتم ، یادم نرود.چالش زندگی با ویروس را برایت گفتم . همان مهمان ناخوانده که حبیب خدا نیست.

قرار بود اول آ. آ. آ باشد . بعد آ. آ. ب. بعد آ. آ.ب . و همین جور به ترتیب و منظم تولید شود. یک دفعه همه چی عوض شد. یک جهش غیر منتظره. طبق معمول جوابی برایش نبود. تحقیق ها شروع شد. بودجه هایی که سرازیر شدند. ان شاءالله تا هزار سال آینده. حالا می خواهی قبول کن! می خواهی قبول نکن! لحنم کمی تند شد، نه؟ آخر خودم هم وقتی به این نقطه می رسم که چه دلیلی برای این بازیگوشی غیر منتظره وجوددارد، کمی هیجان غیرقابل کنترل وجودم را می‌گیرد. یعنی زندگی ما به همین سادگی به مرتب تولید شدن این کدهای سه گانه دارد! کدهای سه گانه روی یک سری شاخه ها (استرند) که بهم می تابند و از والدین می آیند و بعد کپی می‌شوند. جدا می‌شوند باز یکی دیگر تولید می‌کنند. دی ان ای!! تو دیگر از کجا آمدی؟ همان ژن م دیگر!! که فعلاً دنیا در علم منشا بیماری کالبد برای هر مشکلی که جوابی برایش وجود ندارد، می‌گوید ژنتیکی است. این یکی را گوشه ی ذهن نگه دار. ولی آن تغییر اپسیلونی (بسیار ناچیز) در تشکیل کدهای مرتب سه گانه، دنیای ناشناخــته ای است که خدایی، اگر در بطنــش بروم، کـم می آورم. مرا معذور بدارید. فقط یک یادآوری ساده از کدهای سه گانه ی اولیه ی حیات. ارادتمند همیشگی کدهای مرتب سه گانه: روشنک نصیری

۳۵- دست خودم نیست

بالاخره به این تیتر رسیدم. مکث لازم ، برای خوردن شکلات. دست خودم نیست! عصبانی می شوم، یک سیگار روشن می‌کنم. دست خودم نیست! مرا درک نمی کنند، احترامم را نگه نمی دارند، مخالف میلم حرف می زنند، داد می زنم. دست خودم نیست! کسی تقاضای انجام کاری دارد، گاهی لج می‌کنم، انجام نمی دهم . د.خ.ن. دروغش را می فهمم با کنایه و نیشدارحرفمم را می زنم. د.خ.ن. در رانندگی کسی جلوی من می پیچد دستم روی بوق می چسبد تا تنبیهش کنم .د.خ.ن .از من نظر نمی خواهند حرفم را به صراحت میگویم. د.خ.ن .از شکست به غار تنهایی پناه می برم . د.خ.ن. مسیر اشتباهی می‌روم در زندگی، هزار دلیل برای اثبات خودم می تراشم . د.خ.ن.به دست بیچاره ام نگاه می‌کنم .یعنی تو دست من نیستی ؟پس اینجا چکار می کنی؟ چرا از روز اول به من ! نگفتنداین دست مال دیگری است؟ شاید آن را نمیخواستم . حالا معلوم شد چرا فرمانده (مغز) تو را میان زمین و هوا رها کرده است. چون تو را از خودش نمیداند.احساس تعلق به تو نمی کند. من دست خودم را می خواهم. دستی که اگر بدهم با همان دست پس بگیرم. چقدر حرف میزنم. آخه دست خودم نیست .

حکایت دروغ سیزدهم یا آوریل

control, Alt ,Delete -۳۶

مداد پاک کن ها را که یادت هست. آنها آمدندکه خطا ها و اشتباه های نصفه و نیمه را پاک کنند و دوباره صفحه را پاک سازی کنند و دوباره وقتی برای درست نوشتن بدست آید . خلاصه ! فرصتی یا شانسی برای دوباره اصلاح کردن . بعد کامپیوترها این ابر ماشین ها تشریف

آوردند. از آنجا که اجرای برنامه در برنامه زیاد شد ، کلی برنامه ی نصفه نیمه که انجام نشده یا به قول زبان کامپیوتری ، فریز شده ، ایجاد شد . حالا به هر دلیلی پیش آمد . شاید هم نشستن آدم های ناکارآمد باعث می‌شد . کسی دنبال مقصر نمی گردد. اشتباه پیش می آید. دنبال راه چاره باید بود. راه چاره چیست؟ همین جناب آقایان سه دگمه کلید خان. بارها بارها به داد کامپیوتر رسیده و سیستم عامل را نوسازی کرده است . یک جورایی یک راهی باز می‌کند برای دوباره از نو شروع کردن. خراب کاری را رها بایدکرد. اگر قابل جبران نیست . شد که شد. نشد فدای سرت. دوباره شروع کن. دوباره. یعنی انسان از این سه دگمه کمتر است. که دوباره برنامه ها را در کامپیوتر به حالت شروع برمیگرداند. خب بریم با هم این سه دگمه مان را فعال کنیم. تروخدا نگویید از فرد

۳۷- خام ، پخته ، سوخته

بگذار شانسم را امتحان کنم . اگر چشمانت را ببندی ، میتوانی بوی یک استیک خوب را زیر بینی ات حس کنی . منظورم بویی شبیه کباب کوبیده نیست، البته! تصورش کمی سخت است . چون استیک مطبوع و درست سرخ شده ، عطر و بوی خاص خودش را دارد. من که اولین بار با این تی بن استیک در کارتن های تام و جری آشنا شدم (T bone steak) و بعد در سریال های کمدی امریکایی و نهایتاً در رستوران . پشت میز در یک رستوران شیک ، گارسن با لباس مرتب و دستمال سفیدی روی بازو ، منتظر برای سفارش. خ.پ.س . درست کردن شان تبحر می خواهد وگرنه گوشت که همان گوشت است و یک مدل مزه دار می شود. فقط دما را باید تنظیم کرد. چرا بعضی ها ترجیح می‌دهند، کامل پخته (سوخته) با اصطلاح رایج غلط همان well done نهایتاً گوشت بیچاره با کلی مراسم وهیاهو روی میز می آید. ترد و خوشمزه و لطیف با کوچکترین تماس چاقو به راحتی از خطوط درست جدا می شود. این هم

نتیـجه ی تحمل درد طولانی و سوزان. رنگ زیبای صورتی نادان به رنگ زشت دانای خاکستری - قهوه ای . یعنی گوشت تن ما هم این طور می شود؟ با اجازه ی مولانا که دردش با استیک یکی شد: حاصل عمرم سه سخن بیش نیست: خام بدم، پخته شدم، سوختم

۳۸- قانون اول ، قانون دوم ، قانون سوم

سلام ! اول با این کلمه تکرار مکرررات . دنبال یک کلمه ی سه حرفی بودم. خودش پیدایش شد . کلمه گیج کننده به نظر می آید. بعد یواش یواش زیبا و معنی دار می شود.تا حالا یک دانه ی میوه در زمین کاشته اید؟ راستش من که یادم نمی آید کی و کجا و یا حتی دانه ی سیب یا گیلاس؟ خب کاری ندارد ! الان این پروسه رو بصورت مصنوعی انجام می‌دهم. یک دانه ی سیب بلاتکلیف و ساکن که هیچ حرکتی ندارد. همون جور نشسته تا برایش تصمیم بگیرم. ول معطل بین زمین و هوا. می گذارمش داخل خاک ببینم چطور می شود؟ (قانون اول) بخت یارش می شود. خاک خوب و آب مناسب و نور .تو دلش قیلی ویلی حس می‌کند. شتاب می‌گیرد و پوسته را میشکافدو یک تجربه ی جدید بسته به شتابش اتفاق می افتد.(قانون دوم). بعد از شتاب یک تغییر و دگرگونی می بینم(مثل فالگیر های قهوه) سر از خاک بیرون می آورد. همزمان ریشه ای هم در خاک پیدا می‌کند. هر چه قد بلند تر، ریشه در خاک محکم تر و عمیق تر. عجب داستانی ! عمل و عکس العمل (قانون سوم). نیوتن جان! دمت گرم! اینها رو با یک افتادن سیب فهمیدی؟ برگردیم سر خط، داستان همیشگی، تکرار مکرررات. هر روز، هر لحظه، هر دقیقه. همه جا درون و بیرون ما . آن را دریاب

۳۹- مقننه، مجریه، قضاییه

ساعت از هشت گذشته!

۱. وقت خوابه ؟ (آزادی)

۲. نمی خوابی ؟ (اختیاری)

۳. برو بخواب (اجباری)

سه سناریو وسط. منطق می‌گوید در رفتار و برخورد ،آزادی شرط لازم باشد. اما در اشل کوچک خانواده در یک محدوده ی سنی، فرم دهی حرف اول می شود. حرف اول همان قوه ی مقننه، با تصویب چهار تا قانون توسط پدر و مادر خوش / نگون (بخت) . شروع و حکم اجرایش هم توسط خودشان صادر. والدین بسته به کشوری که ساختند کوچک اروپایی یا بزرگ آسیایی در حد توانمندی و عقلشان ، یکی می شود مسئول کنترل و نظم دهی در اجرا و نظارت، با درایت. صحبت از درایت که می شود رضایتمندی به پشتش. مگر همه را می‌توان راضی کرد؟ مدینه ی فاضله که نیست. مسئول کنترل و نظم دهی شبیه قوه مجریه شد. نشد؟ وسط هیس و بیس

اگر هرج ومرج شود، باید بدویم گام بعدی.گزارش به مقام بالاتر. دست مادر درد نکند که به گوش پدر می رساند . حالا پدر می داند و قوانینش. عدم رعایت، تنبیه را می خواهد. مثلاً قطع شکلات، نشستن روی صندلی تنهایی، یا گرفتن گوشی، تنبیه مد روز. وقت جمع و جور سناریوی ساختگی. با این فرض ، قانون خوب که باید باشد . اما قانون سخت و نابرابر ؟؟ این مرز تا به کجا خوشایند ؟ ظاهراً سناریو به راحتی جمع شدنی ...ست.

۴۰-آبی ، خط ، آبی

تصویر یک عکس عالی بدون نقص در ذهن .برای لحظه هایی که به خاطر آن زندگی بیشتر معنی می‌دهد .معنی بیشتر زندگی با وصل یک خط فرضی درون و بیرون. در حیرتم، حیرت! که معیار و مقیاسی برای این خط نیست. (ریاضیات پس تو کجایی) خطی که می‌تواند واقعیت (واقعی) را به یک حقیقت (مجازی) وصل کند؟ آیا باید باور کرد که یک، تمام باورها رو بهم می ریزد؟ اما همان باور هم یک پیش باور میخواهد . علم، خانواده ، محیط ، تجربه ، آمار یا خودبخود خودش می آید. در کتابخانه ی خالی ذهن یک قفسه پیدا می کند و می‌رود جا خوش می‌کند. هر وقت لازمش داشتند از توی قفسه بیرون می آید . هر چه استفاده شود ثبت می شود نیازی به تثبیت نیست. والسلام ! به هر باوری که اعتقاد می شود ، اعتمادی ...ست، که یک فرض، ایده تئوری است. هر چیزی را که ... شود باور کرد، حقیقی باشد یا واقعی . تنها یک اتصال فرضی بنام افق می‌تواند یک باور مجازی / آسمان آبی (بیرون زمین) را به یک باور واقعی / دریای آبی (درون زمین) وصل کند. آبی ها انکار ناپذیرند. ولی فقط به روایت تصویر یک عکس عالی در چشم. این است همه چیز درباره ی درون و بیرون تصویر آبی، که آبی نیست. ای داد از دل خوش باور من !

۴۱-بزرگ، بزرگ تر، بزرگ ترین

هر بزرگ، بزرگ تر، بزرگ ترینش خوب نیست. الان این شوخی بود یا جدی؟ ولی جدی جدی جدی این سه تا کلمه انتهای هم معنا پیدا می کنند. همیشه صفت تفضیلی را در ادبیات دوست داشتم. ساده در یادگیری، مفهوم گسترش را برایم تداعی می کرد. همراه با درک و تجسم. تجسم از یک مقایسه یا تجسم از اوج یک نهایت. واقعی یا غیرواقعی.

لایه لایه بیرون می آید تا نهایت قابل رؤیت شود. قابل رؤیت که بزرگ می شود. همان بزرگ که بزرگ تر می شود، دامنه ی شعاعش چشم گیر. نگو نمی دانستی! اینجا من فقط یک گوینده ی بامزه هستم تا یادآوری کنم چگونه بزرگ و بزرگ تر و بزرگ ترین می شود. بین بزرگ و بزرگ تر که یک دو سه قدمی بیشتر نیست. ولی از بزرگ تر به بزرگ ترین دیگر چلانده می شود پیرش درمی آید تا تأثیرگذار باشد. چه حیف! باید بگویم دوسر خوب و بد دارد. بمیرم برای دلی که بددامن گیرش می شود ناخواسته. بزرگ ترین درد، بزرگ ترین افسوس، بزرگ ترین جنایت، حمله، اشتباه، خیانت، دروغ و ... . پایان داستان به «ترین» که می رسد دنیا کُن فَیَکون می شود. همین که یک دفعه زمین و زمان بوق و کرنا می کنند که «ترین» را نشان بدهند به معمولی ها. دیگر دلیلی ندارد که بدانم چگونه ساخته می شود چون دیگر دوستش ندارم.

۴۲-پروتون، الکترون، نوترون

برای یک شیمیدان با عیار خالص، از هرچه بگذرد سخن اتم خوش تر. این اتم ریز چطوری باردارشد؟ بروبچه های کوچک، چگونه بارهای الکتریکی را حمل می کنند با وسیله نقلیه؟ باز سناریوی جدید برای دست به دست کردن.

پروتون: فاز (بچه) مثبت، سنگین و قوی (بله) .

الکترون: فاز (بچه) منفی چموش و شیطان، سبک (خیر)

نوترون جان: خنثی، گیج و بی بار (ممتنع) ، رل نخودی.

این بچه ریزها دنیا را روی انگشتشان می چرخانند. باز جای شکرش باقی!

بچه (فاز) مثبت ها، کفه ی سنگین ترازواند. فاز منفی ها، کفه ی سبک. داستان ممتنع ها یعنی چی؟ بالاخره یک طرف را باید گرفت دیگر. بگذار ببینم آن طرف حکایتی خوابیده. بله بله! یادم آمد. بهشت، جهنم، برزخ. همان بلاتکلیفی ناخوشایند ولی لازم. تصمیم چه غلط، چه درست، کار چه خوب، چه بد، تجربه است دیگر، وگذرا. ولی سناریو می گوید: خنثی، کسل کننده و حوصله سربر. حالت خنثی خودش فکر می کند خوب است. مثل بازیکون ذخیره در ورزش همیشه منتظر است یک طوری بشود و شاید گاهی هیچ طوری نشود. توی بازی نیست. چون از خودش اختیاری ندارد. منتظر نظر مثبت و منفی می نشیند تا نوبتش برسد. اگر هرجا کم بیاورند، نوترون جان باید باشد برای برقراری تعادل.

۴۳- یک ستاره، دوستاره، سه ستاره

از جلو و نظام! این جمله معروف بود. قدیم ترها قبل از رفتن به کلاس درس در حیاط مدرسه ی ابتدایی برای تشکیل صف. درسته؟ طبق معمول اولی ها که کسی اونها رو جدی نمی گرفت. سربه هوا و بازیگوش با صف های کج و معوج و زیگ زاگ. دومی ها لااقل می دانستند اگر ناظم در آن بلندگو فریاد می زند صف ببندید، وقت رفتن به کلاس با تشکیل خط مستقیم برای هر کلاس در حیاط. سومی ها دیگر عادت کرده بودند به قوانین. صدای سوت و بلندگو و خط شدن برای رفتن به کلاس بدون هیچ پرسش. چهارمی ها انگار، شک به جانشان افتاده بود. یک نگاه به صف مرتب سومی های ساکت و حرف گوش کن. و یک نگاه به صف پنجمی ها، پلنگ و ارشد مدرسه. پنجمی ها اگر می خواستند حرف گوش کن باشند، صفشان بهترین و مستقیم ترین خط بود. وگرنه که خدا ارشدهای سرکش و مغرور را حفظ کند. آمین! شبیه این داستان در اشل جدی تر در نیروی نظامی پیداکردم. ستوان سوم: یک ستاره.

ستوان دوم: دوستاره. ستوان اول: سه ستاره. سروان: چهارستاره (باتیترمتفاوت). سرگرد: گل ستاره(باشکل متفاوت).

خب قضیه روشن شد. یعنی قوانین قرار بوده از بچگی در کله ی ما آموزش داده شود. به هرنوعی و در هرزمانی، خاص خودش. خوب و بدش به دیدگاه و ظرفیت فرد بستگی دارد.ای بابا!دنیا چه خبر بوده ما سالها بی خبریم. برگردم دوباره آهنگ the wall دیوار پینک فلوید را گوش کنم. دقیق تر و بهتر. تا بعد!!!

Real or Unreal / Cost of Risk -۴۴

اولین باری بود که در یک مزایده ی هنری شرکت می‌کرد.برای تفنن و سرگرمی. تجربه ی مناقصه های زیادی داشت در ساخت و ساز و ساختمان. رشته اش فنی و مهندسی بود. ولی خب این بار فرق داشت. وقتی با نگاه نافذ و صلابت و غرور همیشگی اش وارد سالن شد، میزبان برنامه به احـترامش جلو آمد و گفـت: امروز برنامه ی متفاوتی داریم. خریدارنمی داند برای چه چیزی هزینه می‌کند. بعد از پرداخت بها می فهمد و تا آخر برنامه قیمتش معلوم نیست. امروز، روز ریسک است. کمی مکث کرد و مطمئن پاسخ داد: من می خواهم آن اثر را داشته باشم و برنده ی مزایده باشم. برنامه تمام شد. رفت جلو و روکش را برداشت . درجا خشکش زد . واااای عجب اشتباه بزرگی! آخر چه کسی بابت یک مجسمه ی نیمه کاره ی شبیه مونالیزا چنین هزینه ای می‌کند؟ فکری به ذهنش رسید . . . . پس من خودم این اثر هنری را تمام می‌کنم. دسته چک ش را درآورد و به نماینده گفت: هزینه ی این اثر لطفا ؟؟ نماینده با لبخندی از رضایت گفت : ما می دانیم این اثر قرار است یک شاهکار بینظیر شود. هزینه ی آن برای شما بیست و هشت سال پیش پرداخت شده . آقای محترم

۴۵- آ.آ.آ

بازهم سلام! قلمم این بار می خواهد این متن زیر هجده سال را خودمانی و شاد و بامزه جلو ببرد. قلم می‌گوید : همیشه که نباید هر سوژه ای جـدی و سنگین باشد. قلم معـتقد است تنـوع گاهی حال دل های یکنواخت را عوض می‌کند. تنوع از چه نوعی؟ از نوع عجیب و غریب برای شروع یک ایده ی تازه در نوشتن فقط همین !.هر شروعی یک جرقه می خواهد. حالا جرقه ی این سه تا « آ» از یک بیمه ی آمریکایی زده شد. این روزها که داشتن بیمه آن قدر ضروری شده که اگر پول کافی برای خرید آب نیست، برای خرید بیمه توسط کارشناس عزیز که به درز داخلی پایین شلوار وصل می شود، باید اعتماد کرد. (من که خیرش را هم دیده ام بعد از تصادفم با عابر پیاده به خاطر پشتیبانی بیمه). حالا از بیمه ی تصادف و همه ی زیر گروه های آن مثل بدنه ، شخص ثالث ، راننده گرفته تا بیمه ی آتش سوزی، دزدی، درمان، بیکاری، بیمه ی دماغ، بیمه ی چشم، بیمه ی گوش، بیمه ی بوق beep، یکی هم بیمه ی ابوالزری، بیمه مهری. روشنک! دست از شوخی بردار! حالا من هم در نقش کارشناس برای بیمه ی خودم. اول خودم را بیمه می‌کنم با خنده و شادمانی. با سه تا کار گوگولی بامزه ی مموشی . (لطفاً امشب رو بچگانه رفتار کنید شاد راحت) قبل از خواب بعد از مسواک، ج... بوس لالا شب همگی خوش

۴۶- راحت را پیدا کن

باورتون میشه این سوژه از آخر به اول به ذهنم رسید. خدایا مراشفای عاجل بده! بنابراین لطفا گیج نشوید!

۳-حالابرگشتم خانه.یک گوشی .یک دوست .یک رختخواب .از این تجربه هم لذت ببرم ! لذت تجربه ی زمان عوض شده. یک پیغام برای یک دوست در استراحت. هر چند این مجازی بازی زندگی همه را به نوعی داغان کرده. ولی به هر حال، گذرزمان در سفر به دنیای مجازی و سفر در دنیای واقعی ، حس خوشایندی است. ولی معلوم نیست در طولانی مدت آخر کدامیک در روان ماندگارتر است پایان.

۲- هرمسیری برای خودش یک تجربه ی جدید است .من هیچ تجربه ای را دست کم نمی گیرم . وقتی که وقت کم باشد برای تغییر مسیر .لذت همان جوجه ی مزه دارشده (تمیز و سالم شرط اول و آخر من) در ظرف پلاستیکی همراه منقل و بادبزن و ذغال و چند سیخ، کنار جاده ای که یک سطل آشغال بزرگ در شو نه خاکی دارد، می تواند جور یک سالن با یک میز پر از غذای سلف سرویس در هتل پنج شش هفت هشت نه ده ستاره را بکشد .تا بالاخره به خانه برگردم.

۱- چقدر دلم یک سفر جاده ای در یک مسیر صاف و مستقیم با صدای موزیک بلند و آسفالت خوب برای لاستیک ها و هرازگاهی پیچ و تابی و شتاب گرفتن ، میخواهد. تابلو می‌گوید: به سه راه نزدیک می‌شوید. انتظارش را نداشتم .منطق چپ و چول خودم و یک راه شانسی .چه فرق می‌کند؟جاده دریا ، آبشار، درختان سر به فلک کشیده ، یا کویر و خشک (با احترام تست های زرد روانشناسی)، وقتی در مسیر باید جلو رفت.

.

۴۷- آدرس خانه ی دوست

بچه ها سلام !امروز آخرین دقیقه اومدم .سری به یک دوست صمیمی زدم . یک وقتی گذروندیم. یک توقف لحظه ای ! به قول این جوون ترها ، دوردور ! خوش گذشت ، مجازی دیگه . الان فول انرژی هستم . همه خونه ی دوستان صمیمی شان همین حال رو دارند؟ اصلا خونه ی دوست صمیمی چه جور جایی هست ؟ یک گوشه ی دنج و راحت ، درش باز ، بدون وقت قبلی ، و هماهنگی . نه لباس اتو کشیده ، نه تظاهر به رفتار با اتیکت اجتماع پسند، نه تماس چشمی ، نه لبخند زورکی .هر طوری هست قبوله . قراره اونجا حال دل بهتر باشه .با یک کم سر به سر گذاشتن یا مهمونی یا سفارش غذا از بیرون ، یا از این ور و اون ور حرف زدن . شاید هم فقط یک گوشه آویزون از مبل و و تخت (تلپ و لش) در سکوت . نه قضاوتی . نه داستانی . گاهی یک قطع و وصلی پیش میاد. اما دوستان واقعی پشت هم رو خالی نمی کنند، می‌کنند؟ حتی اگر سالها همدیگر رو نبینند. چه این همنشینی می چسبه! خاک رس هم بودم الان حس عطر خوب رو دارم .اگر سهراب سپهری (شاعر) زنده بود و داشت شعر «خانه ی دوست کجاست» را می نوشت. اونوقت من هم آدرس خونه ی دوستم را میدادم چون با قلب مهربونش می گفت : اینجا رو خونه ی خودت بدون . فیس بوک؟ تلگرام؟ اینستاگرام؟

۴۸-دنیای مجازی ، دنیای واقعی ، دنیای روشنک

(اتصال واژه ها) یعنی واقعا چه خبر شده؟ از کی جای دنیای واقعی و مجازی عوض شد . من که نفهمیدم ! از کی ارتباطات قشنگ تر رفت داخل اپ app های مختلف . از کی پیشرفت و پول درآوردن وابسته به

یک گوشی شد و هنر ارتباط مصنوعی خلق شد. (گوشی جان! تو گوش
ت را سفت بگیر نشنوی !تو که عشق منی،((الترناتیو)) منظورم تو
نیستی). می گویید ، نه ! دلیل دارم .خودم هم به شدت از هر طرف دارم
توانم را به کار میگیرم تا فرهنگ این ارتباط مدرن را بفهمم . دلایلم را
روی میز می گذارم . روی مود نبودن ، حال و حوصله نداشتن مساوی با
دیر سین کردن ، اصلا سین نکردن ، و آخرش، بلاک کردن. دیگر برود پی
کارش ! چه اهمیتی دارد؟ این که جرم نیست. احترام به حریم شخصی
ست . به کسی بر نخورد، حالا من خودم را میگویم ، گیج و منگ در این
دنیای واقعی که حقیقتاً مجازی شده، چرخ می خورم که به جای تصحیح
ارتباط، فقط فاصله جواب می‌دهد. این قدر این فاصله کش دار می شود
تا از خط ارتباط ممتد به نقطه چین و بعد دو نقطه و دیگر هیچ ..! می
گویم عیب ندارد . دنیای دیگری هست به آن پناه می برم (مجازی). بعد
از آن هم خسته می شوم. هر بار به خودم قول می‌دهم وارد دنیای
مجازی (واقعی امروزی) نشوم ، قولم را می شکنم و دوباره برمی گردم
به دنیایی که‌ظاهرا به آن متعلق شده ام . قول شکستن باحال نیست .
رفیق ! آری میدانم

۴۹- شکر. روغن . نمک

S,O,S

(تلخ ولی واقعی)(حتما دلیلی داشته) دستم را نکشید. پایم را
نکشید. هنوز آماده ی دراز کشیدن روی این تخت باریک و سرد نیستم.
این ملحفه ی سفید که روی من است گرمای تنم را تأمین نمی کند.
فریادم را میشنوی . دارم میلرزم . میشود یک پتو بیاورید . کمک . کمک
. کمک . دارم از سرما یخ میزنم . مگر احساس ندارید؟ اگر تو بروی
چگونه ادامه بدهم؟ چگونه راه بیفتم؟ پایین بیایی که چه غلطی بکنی
؟ باز شکر (غلط زیادی) بخوری؟ چه می گویی؟ چه جور شکری؟

شکرشور (غذای شور، کلام شور) شکر چرب (غذای چرب، کلام چرب) شکر شیرین (غذای شیرین، کلام شیرین) خب زندگیم بود. خوشحال بودم. مگر انتخابم چه بود؟ انتخابت همان بود که الان اینجایی. با مهره هایت طوری بازی کردی که بازی زود تمام شد. کیش و مات! حالا شاکی هستی؟ دینگ، دینگ، دینگ وقت تمام است. برو زیر ملحفه، به آن عادت می کنی. هنگام هل دادن، این فکر در سرم چرخید، صبحانه ی مورد علاقه ام چه بود؟ پنیر فتا، کره، مربای آلبالو. اگر برمیگشتم به بازی آیا الگوی احساس لذت را تغییر می دادم ، برای اینکه بیشتر در بازی بمانم یا به اندازه ی کافی از بودن احساس لذت برده بودم؟ آرزو داشتم، می فهمیدم (حتما دلیلی) بگذار فردا راجع بهش فکر کنم . الان خیلی سرد شده. می خواهم بخوابم.

Tri, Tree , Three -۵۰

چقدر زود تابستان شد. انگار بهار دیروز بود که در این جاده ی پر درخت بودم. هوای عاشقانه ی بهاری ، پنجره پایین ، نفس عمیق تا رسیدن به انتهای اخرین و دورترین بالن نایژک ریه . (چه حس عجیبی !دیوانگی و مالیخولیایی . مثل وصل جنینی از بند ناف به من .) حالا پنجره بالا . کولر روشن ، باز همان جاده ، ادامه ی داستان ، و درختانی که پر از شکوفه بودند در سه رنگ مختلف سه ردیف سه تایی ، کاشته شده کنار جاده ، تفاوتش هم چشمگیر تر . پر از میوه شدند این بار . ساقه سکسی قوی (۱) ، شاخه کامل، دست پربار (۲) حکایت از ریشه دار بودن (۳) در خاک . بهانه ی وسوسه انگیزه برای توقف کنار جاده . میوه های رسیده ی چیده شده در جعبه ، هر چشمی را قانع می‌کرد تا جعبه ای برای خودش بخرد . از هر سه رنگشان را !.. میوه چین با کلاه حصیری لبه پهنش جلو آمد و پسرک هم همراهش با همان سایز کلاه حصیری ؟روی سرش ! رنگ میوه را انتخاب کردم ! قرمز ! با انگشت اشاره
۴۸

کردم از این یک جعبه . لطفا! . میوه چین سکوت معنا داری کرد و با غرور گفت : اگر از هر سه رنگ ببری ، پشیمان نخواهی شد . پسرک نگاهش را به من دوخت . نگاهمان با هم تلاقی کرد . گویا با خط نگاهش منتظرجواب من بود . اهل مقاومت نبودم . قبول ! Deal!! هنگام گذاشتن جعبه ها به ماشین از یک قرمزش را برداشتم تا زودتر امتحان کنم . لذت گاز زدن سیب قرمز آبدار ! باز روح مرا در دنیای زنده بودن پرواز داد. میوه چین راست میگفت . پشیمان نشدم ! پس !!! آدم و حوا به خاطر همین از بهشت به زمین تبعید شدند ؟ وای از زمانیکه تجربه ی یک تنبیه شیرین خوشایند تر از یک تشویق تلخ باشد.

pursuit of happiness -۵۱

برگرفته از قانون استقلال امریکا باز گم ش کردم. همه جا را گشتم. حتی زیر فرش. آها! پیدایش کردم. در کیف پولم بود. لیست کاغذی که از خوشبختی هایم نوشتم . خوش بختی برای من داشتن یک بدنی است که تا الان انرژی مرا در خودش نگه داشته و پشتیبانی محکم برایم در خودش . پدر و مادری که در عین سادگی و کاستی عاشق بچه هایشان بودند. خواهری که همیشه با پول تو جیبی هایش برای خواهر کوچکترش کتاب میخرید و او را با دنیای کتاب خوانی آشنا کرد. اقوامی بارهزاران شام و ناهار خاطره انگیز در کنارشان ،ساعت خوشی سپری شد. همسایگانی که وقت و بی وقت در خانه شان بروی من باز بود. هنوز ادامه دارد... بگذار ،تای کاغذ را باز کنم. رفتن دانشگاه ، دیدن و رشد کردن ثمره ی زندگی ، داشتن و پیدا کردن دوستان همدل و با صفا که شدند تخته نجاتی بر روی تلاطم موج های اقیانوس زندگی . حتی یعنی داشتن فرصتی نامعلوم برای تجربه کردن مهاجرت با چالش های سخت و آسانش . تو خواننده ی عزیز! شدی یکی از خوش بختی های من برای درک وجود داشتن ذره ای از کل ذرات عالم . خوش بختی مثل پرتو های

۴۹

خورشید به هر سمت می‌رود . برای من حتی شنیدن فقط یک کلمه ی ناب مثل « جون دلم » از کسی در جایی که انتظارش را ندارم! چرا که آنوقت کار یک چسب زخم را می‌کند بروی یک خراش عاطفی. به دل نشیند هر آنچه از دل برآید(به همین سادگی)!

heartland center-۵۲

اه ! لعنتی ! چرا ماشین استارت نمی‌خورد؟انگار دارد ناله می‌کند. چرا روشن نمی‌شود؟ فهمیدم دو هفته در پارکینگ بوده ، حتما باتری خالی کرده . این اصطلاح به گوش ت آشناست ؟ تا حالا جامپ استارت (jump start) کرده ای ؟ منظورم همان باتری به باتری است . یعنی دادن یک شوک اساسی ، زمانیکه باتری خالی می شود. منظورم همان خمیر اسیدی داخل ش است. چون باتری همیشه باید شارژ و دشارژ شود . یک سوال از مکانیک، خیال همه را راحت می‌کند. حالا چرا دقیقا همین اتفاق برای قلب می افتد. آن هم یک پیل (باتری) الکتریکی است . همیشه باید استفاده شود . پر و خالی . پر و خالی . پر و خالی . باتری قلب باید همیشه پر از عشق باشد . اگر استفاده نشود، یادش می‌رود قرار بود پر و خالی از احساس شود . چه تجربه ی شگفت انگیزی ، عجیب و غریب بگویم ، طبیعی تر است . حالا چراغ علائم روشن میشود . ضعف رفتن ، پس افتادن، تاپ تاپ کردن ، بالا رفتن نبض، نفس بند آمدن، چنگ شدن، گوله شدن ، هپروت رفتن، افسانه ساختن درست وقتیکه خود بیچاره اش را دارد هلاک میکند، تا از سینه بیرون بپرد،یک ضربان را یادش میرود بنوازد. ناگهان یک ناجی از راه میرسد. بعد یک تماس ، یک نگاه ، یک آن لاین یک کلمه مثل جرقه. یعنی همان نشانه ، عکس العمل دور از انتظار بدون فکر پشتش . مثل پمپاژ. این لعنتی باید کار کند. صبر کن! یک نکته می بینم اینجا! هر قلب فقط با یک قلب شارژ می شود. به خدا قسم! دلیلش را نمی‌دانم. اگر ترس وجود دارد بهتر است سر باتری را برداشت

تا خالی نشود، باتری تا ابد بلااستفاده می ماند. بی دردسر ! ولی توقع ای تجربه ی بینظیر در آفرینش، عاشق شدن را می گویم، که در لابلای این بافت نرم و لطیف سحرآمیز رسوخ می‌کند را از خود نباید داشت. هر تجربه ی در دنیا به یک بار امتحان کردنش می ارزد.

۵۳-صدا ، صحنه ، پرده نمایش

آنچنان با وقار روی فرش قرمز راه می رفت که گویی از هر جهات مطمئن بود، به خاطر نقش های متعددی که در یک دوره ی طولانی از زندگیش بازی کرده، جایزه، تروفی، را خواهد برد. لباس قرمز هماهنگ شده با رز قرمز روی فرش قرمز او را یک سر و گردن از همیشه بالاتر نشان می داد. گویی دنیا باید به وجودش افتخار می‌کرد. او و همسرش هر دو با هم شروع کردند برای ادامه دادن در مسیر زندگی. تا جایی که جاده باریک شد و یکی یکی باید از روی پل می گذشتند. پل پیشرفت. اولی باید به سلامت رد می‌شد و بعد نفر دوم، همه در گذر عمر برای بقا و مقاومت و دوام آوردن در مسیر پیچیده و طولانی. تلاشش را کرده بود کم نیاورد. بنابراین به خود می بالید. ولی نام او بعنوان بهترین بازیگر مکمل اعلام شد، لیست کارهایش که روی پرده ی نمایش رفت او را روی صحنه فرا خواندند.

مروری دوباره:

*جایزه ی بهترین فرزند برای ایفای نقش دختر خوب و حرف گوش برای حفظ ارزش های خانواده حتی اگر مخالف میلش بود.

*جایزه ی بهترین خواهر برای دلگرمی و دادن حس عاطفی و مالکیت و پشتیبانی و دلیلی شدن برای کمک به مسؤلیت پذیری بزرگتر ها غیرمستقیم

*جایزه ی بهترین همسر برای ملاک انتخاب شدن توسط جنس برتر و

بعد مسؤلیت در اختیار بودن برای جلب رضایت جنسی.

*جایزه ی بهترین مادر برای فراهم کردن شرایط امن و شاد در محیط خانه برای درس خواندن و غذا درست کردن و به روز بزرگ کردن فرزندان

* جایزه ی بهترین عروس که مبادا مادرشوهر عزیز و قابل احترام فکر کند پسرش از خانواده جدا شده تا همیشه برای خودش داشته باشد.

*جایزه ی بهترین مادربزرگ که چون نوه مغز بادام است حتی اگر محیط مرتب خانه را تبدیل به میدان جنگ بکند، نامرتب و آشفته، باز لبخند می زند.

هر چند همه ی این نقش ها مثل هم، را هر دو، درمسیر ایفا کرده بودند، اما کسی که پای بهای نقش مکمل مشتاقانه و با میل دستش را بلند کرده بود خود او بود. جایزه را روی استیج گذاشت و با صدای لرزان پر از احساس اما محکم وواضح با یک مکث شبیه اسکرین شات ادامه داد: من می خواهم عنوان جایزه ام را به این نام تغییر دهم تا با شرایطم همخوانی داشته باشد! جایزه بهترین قربانی ناخواسته در شرایط، برای تقدیم کردن با ارزش ترین سرمایه ام، عمر! حــالا چه کسی حاضــر اســت بابت این عمــر بربادرفته بی قیمت، به من تروفی بدهد؟ آیا کسی هست آن را به من برگرداند؟

۵۴- نیمه ی سفید ، نیمه ی سیاه ، نیمه ی گمشده
برگرفته از یک عکس سیاه و سفید

(Dusk and dawn side /better half) تورو به خدا بس کنید. با هر دویتان هستم. تو خوبی! (خطاب به سفید) تو هم خوبی! (خطاب به سیاه). داستان همیشگی بگومگوی خواهر برادری، زن و شوهری، یا دو تا دوست صمیمی. ولی این بار دوتا در یک نفر. نیمه سفید، بیرونی،

اجتماعی، ارتباط قوی، واضح و روشن. سفید می‌گوید: همه مرا می بینند. یا دوستم دارند یا نه . هیچ مهم نیست. آسوده و راحت زندگی می‌کنم. بی پروا و جسور از دیده شدن نیمه سیاه اما نه. بدون سایه. شخصیت تأمل برانگیز داستان‌ها. عاقل در پرده ای از ابهام. چون باور دارد خصوصیات و اخلاقیات از درون می جوشد. اصراری به دیده شدن ندارد. تنها باشد بهتر تا کسی مزاحمش نشود. حریم خصوصی برایش مهم است. خیلی ها اصلاً نمی دانند نیمه ی سیاه وجود دارد. چون در منطقه ی حفاظت شده با سیم خاردار زندگی می‌کند. اگر کسی بدون اجازه نزدیک شود آلارم زنگ دار گوش فلک را کر می‌کند.

کلیدش پیش نیمه ی گمشده است. آن دیگر توصیفی است؟ خط نامرئی. اما درون خودت جستجو نکن. کار نیمه ی گمشده جلب اعتماد نیمه سیاه دیگریست و ارتباط دوستی. مثل قفل و کلید واقعی. چفت و بست هم می‌شوند. اگر آن خط نامریی را درجایی دیدی بگیر و برو جلو که خوش به حالت !. اگر نه ! با زندگی ات کنار بیا. هر کسی در دنیا قرار نیست نیمه ی گمشده اش را پیدا کند. بیخیال باش.

۵۵- ۷۸/۲۱/۱

«هوا نیست !نمی توانم نفس بکشم !» این جمله ای بود که من در هشت - نه سالگی شنیدم ،وقتی یکی از اقوام دور از بازداشت موقت برگشت از زندان، او مدام تکرار می‌کرد . من خانه ی آنها چکار می کردم، معلوم نیست! بعد آن جمله در گوشه ی ذهن یک کودک نه ساله جا خوش کرد تا به الان . پس هوا مهم است !خیلی هم مهم است! حتی اگر به ۷۸ ٪ مولکول نیتروژن ،۲۱٪ اکسیژن ، ۱٪ گاز آرگون باشد. یک لحظه درنگ! قصدم سر کارگذاشتن یا بازی راه انداختن نیست. ولی این یک بازی ریاضی حل نشدنی است برای سالها . مخلوط خوشگلمان از کجا مطرح شد؟ درصدش بهم بخورد چه؟ ما هم بهم می خوریم؟ منظورم به هم خوردن در خیابان نیست ! منظورم درگیری مولکول های قرمز بیچاره
۵۳

ی وابسته در بدن خودمان با او. چگونه هوا ، ما ،این موجود دو پای پر مدعا را از هستی ساقط می‌کند؟ عدم ارتباط بین سلول های مغزی با این گاز شگفت انگیز حیاط مساویست با قطع اتصال با منبع انرژی. این جاست که فکر کردم چه خوب ! یک هوای بی ادعا بالای سر ما میچرخد. هوا برای خودش می آید و می‌رود. پاسخگو هم نیست. (تلفن سایلنت)! چه معنی می‌دهد این ؟ یعنی مشکل هوا نیست، اگر هر کسی به هر دلیلی نتواند نفس بکشد. ضعف سیستم ایمنی، شرایط جوی بهم ریخته یا اصلاً طبق گزارش های بدون منبع و بدون مدرک (دوره ای محدود یا نامحدود) . صبر می‌کنم این مخلوط فکری که با همزن بهم زدم، ته نشین شود . الان منظورم این است این مخلوط حیات با این درصد دقیق، یک پدیده ی خلقت است. حالا خود من! چند درصد فکر کردم،این لطفی که به من اعطا شده برای نفس کشیدن.

۵۶- مدال طلا ، مدال نقره ، مدال برنز

من هیچ وقت حس یک قهرمان را درک نکردم. چون هیچوقت در هیچ مسابقه ای برنده نشدم. مدالی ندارم. نمی‌دانم بعد از ایستادن در روی سکوی موفقیت و گرفتن جام یا مدال یا زنجیر آن حس چگونه است؟ باید آن را در گوشه ی اتاق گذاشت یا در آلبوم چسباند یا به گردن آویخت؟ یا اهدا کرد. چون آن یک جایزه است و ارزش جایزه برای من کمرنگ است. دقیقا از چه زمانی ، این تغییر باور در مورد گرفتن یا نگرفتن جایزه در ذهن من ثبت شد ؟ از زمانیکه یک دختر نوجوان پانزده ساله سرشار از احساسات پراکنده و شاد و پر از هیجان و مشتاق کشف حقایق دنیای جدید. این اشتیاق برایم راهی باز کرد تا با گروهی از انسان‌های مهربان و با وجود و بخشنده آشنا شوم. در این میان گروهی از دختران و پسران جوان هم وجود داشتند که گروه مختص خودشان را تشکیل دادند از طریق راهنما، هدیه ای دریافت کردند . آن هدیه یک

زنجیر فلزی بود که اسم جدید گروه روی آن حک شده بود : هف هش نوزا ! و من تنها کسی بودم که آن زنجیر را نداشتم. وقتی از راهنما سوال کردم که چرا من نمی توانم داشته باشم. جواب داد: تو هنوز شرایط آن زنجیر نداری . من گفتم : ولی من هم میخواهم از آن زنجیر داشته باشم. چکار کنم تا از آن زنجیر به من هم هدیه بدهید؟ راهنما پاسخ داد: متأسفانه الان نمی توانی داشته باشی. ولی یادت باشد آن زنجیر فقط فلز است و برای گرفتن جایزه کاری نکن! بعد از آن من هرگز تقاضا برای داشتن آن زنجیر نکرد. اگر قرار بود زنجیر دست و پای مرا ببندد تا احساس برتری یا غرور کاذب به من بدهد . جایزه یا زنجیر قرار است تلاش در مسیر را نشان دهد. حالا اگر تلاش به نتیجه رسید پاداش دارد برای سخت کوشی. پس مبارک است ایستادن روی سکوی موفقیت . اگر نه ! پرونده اش را باید بست و خلاص. برود در آلبوم خاطرات مغز بنشیند. تا روزی مرور گردد این تجربه. تجربه ی تلاش برای همسو شدن در یک مسیر واحد. بدون قضاوت شدن برای رسیدن یا نرسیدن. آیا فکر می کنی، ارزش های انسانی با داشتن یا نداشتن طلا و نقره و برنز کم و زیاد می شود؟

۵۷- قهوه ، قلم ، کوه قاف

فقط کافیست (coffee) که مرا از خود بیخود می‌کند . اما نه هر کافی ، کافیست! یک باند سه گانه پیدا کرده ام با این معجون حیات. از باند های سه گانه چه می دانی؟ دیگر خود من هم راستش چندان نمی دانم. همین را میدانم که لازم دارم به راحتی و با هر حرارت افزودنی، باندهایش از بدنم خارج نشود. برای هر اتصالش (باند) تاوان زیادی داده ام. تپش قلب، انتخاب لذت بیقراری، اوج هیجان خودخواسته، استرس. ولی خب! برای هر تغییر و رشد و دگرگونی، یک تیک (۲۰HZ) (۳۸۰nm) یک جرقه ! بگذار به حساب جرقه! باند اولش برمی گردد به

دوران کودکی، شب خوابیدن منزل عموجان، و کپی برداشتن از عادت صبحگاهی قهوه خوردن دختر عمو جان. باند دومش احتمالا یک دی . ان . ای به مرور جهش یافته. باند سومش هم قطعاً اینجا، در این مکان های زنجیره ای، ستاره های یک دلاری/ (Starbucks) برای تبادل نابودی مغز با این دانه های سوخته. آن آرومای قوی که قلم را دستم به حرکت می اندازد . و اما ! ارتباط من و قلم ! مثل داستان منحصر به فرد و غیر قابل تکرار هر کودک ، از دبستان شروع شد . هر چند این روزها ،مداد های الکترونیکی ، با مغز های کربنی رقابت می‌کنند . کربن عزیز ! تو چه کردی مغز قلم شدی ؟ حالا دلخوشی میخواهد قلم دست گرفتن، در زمانه ای که fast typing ، hey siri , گفتن ، با قدرت مافوقشان از قلم جلو زدند . نترس قلم جان ! من تمام تلاشم را می‌کنم تا تمام قد کنار تو باشم . من طرف تو هستم . مگر کسی باورهای ثابت به یقینش را فراموش می‌کند . باور دارم خاکستر های وجودم ، مسیری خواهد پیمود ، از جایی که قهوه و قلم و نور فانوس آن لاین ، مرا به کوه قاف خواهد می رساند.

۵۸- سه لایه ای من

سفری در پیش است. شاید مدتی نباشم. بلیط دارم. راستی ! بلیط اضافه هم دارم. دوست داری با من همسفر شوی؟ مهمان من باش. اینجا، خوبیش این است که برای چک کردن بلیط در صف مجازی نه دیگر از هم جلو میزنیم ، نه کسی سر کسی داد میزند، نه بوی تن کسی، کسی را آزار می‌دهد. به نظرم این ایستادن در صف لذت بخش آمد! آماده برای سوار شدن به یک ترن هوایی در یک پوسته ی گردو! بریم؟ حاضرید؟ کمربندها هم باید بسته باشد. برای احتیاط از آسیب. ایستگاه اول مورد علاقه ی خودم: دی . ان. ای . ذره ی اتصال به حیات. می خواهم یک سلامی خدمتش عرض کنم . اول در مسیرجریان بالا می روم. بازدید از مغز خوشمزه ی جادویی که مرا متمایز می‌کند از دیگر

موجودات. چه جالب! مخ، مخچه، ساقه مغز. حالا کمی پایین تر! چسبناکی اش این روزها حالم را گرفته. گوش را می گویم !.اولی قدردانی هم سر جایش! بابت ارتباط صوتی جناب گوش خارجی ، گوش میانی ، گوش داخلی! این چیه ؟ این کره ، چرا این جوری به من زل زده است ؟

دریچه ی نگاه ! دارد مرا خیره نگاه می‌کند. واای !! از این کره با سه لایه ای رشته ای، عروقی، عصبی. چشم چرانی؟ اگر این طور است ، مرا معذب می‌کند. (وقت تغییر فرهنگ. زنده باد روشنک خانوم !) اخیش! الان چه حس خوبی دارم؟ کی دارد مرا نوازش می‌کند؟ چرا پوست دستم مور مور شد ؟ (goose bump). اوکی ! مبحث پوست و نگهداری اش سوژه ی داغ و مد روز این روزها . سه لایه ای : اپیدرم ، درم ، هیپودرم . برویم تا بیشتر موی سیخ نشده ! این دیگه چه صدایی است ؟ شبیه پای اسب ! به نظرم قبلا شنیدم در اولین سونوگرافی تست جنین . بله بله ! یادش بخیر ! به صدای بوم بوم نزدیک شدیم . یک‌کم با احتیاط و آرام . قلب حساس است . توجه به این بوم بوم اش نکنید . از طرف : اپی کاردیم ، میو کاردیوم ، اندوکاردیم . عجب طنینی داشت صدایش ! نوبت گذشتن از دالون بلند و دراز . اه . سوختم ، سوختم . این چه بویی دارد ؟ دارد مرا میسوزاند! اسید معده . این کیسه از چه جنسی است ؟ چطور اسید معده همه چیز را میسوزاند ، الا کیسه ی خودش را ؟ حتما دیواره ی عضلانی سه لایه دارد . بله ، درست حدس زدم . کمربند ها را سفت ببندید . جاده پر پیچ و خم ! پر از احساس خوشی و هیجان از پرتاب به این طرف و آنطرف . دیگر نگویم روده هم سه لایه دارد در بخش هایی . حدس زده بودی . آفرین !! مسیر برگشت ،جاده سه راهی : شرمنده ! ۱-از دهان برگردیم . با استفراغ ؟ ۲- بمانیم در بدن و پناهنده شویم ؟ ۳-یا با اجابت مزاج ؟ نگران نباشید . من دهان را پیشنهاد می‌دهم . مخصوصا که مخاطش سه لایه ای است . به راحتی پاره نمی‌شود . خسته از سفر به اعماق درون . دوش لازم ! چطور این همه سه لایه در یک محفظه ؟ تاکید : برای هر محکم کاری یک سه لایه ای لازم . یک نکته

۵۷

اعتراف کنم ؟ من تا به حال جان کسی را قسم نخورده ام ولی به جان خودم قسم پدیده ی حیات شگفت انگیز است. چرا وقتی بچه بودم ، هر وقت می خواستم بازی را شروع کنم، می گفتم : یک ، دو ، سه ؟

۵۹- مادرم (قلبم) پدرم (مغزم) فرزندم (...)

با شروع یک سلام عمیق از آگاهی. یک ارتباط سه گانه. ارتباط شیرین از نوع پیوند علوم به یکدیگر در نهایت بر حسب باور عمیق و خالص من. اما نه از نوع علمی، پزشکی، فلسفی. مثل جویبارهای باریکی که به بهم می رسند. شک به کنار! سه انسان، سه عضو، می آیند تا بیشترین تأثیر را در روح و روان بگذارند و بروند. سه پایه ی اصلی هویت. برای واقف شدن به خود. واقف شدن به خود، خواسته یا ناخواسته اتفاق می افتد. به تعبیری همان الگو های اولیه برای کپی برداری. شروع از مادر. بارقه حیات. با یک تپش به کار می افتد.اتصال روح به جسم .برای سرشار شدن از طیف گسترده ی احساس. و اما پدر. فرمانده ی کل .پشتیبان. نماد قدرت. اتصال عمل و عکس العمل. در این دنیا، هر چیزی که به منطق و دلیل ربط پیدا کند. برای من کمک به فهم تحلیل و یادگیری. این سلولهای خاکستری خارق العاده که علم تا به امروز دنبالشان می‌رود و من تا ابد عاشق رمزآلود بودنشان می مانم . فرزندم را نمی شناخت.

اصلاً نمیدانستم باردارم. دقیقا از آخرین سین(syn , sin , seen) ، ناباورانه !! همان نقطه که مرا به دو نقطه ی دیگر سکوت (قهوه)، تنهایی (قلم) وصل کرد. و چشم سوم متولد شد. اتصال امید و ناامیدی، اشک و خنده، غم و شادی، عاشق معشوق، درد و درمان ، پیوند من

بیرون با من درون . همان وصل آبی دریا و آبی آسمان با خط افق . یعنی پرده بگشا از راز زندگی.

God creates Energy - ۶۰

Energy Builds Human

Human Ruins Human

خداوند انرژی را خلق میکند

انرژی انسان را می سازد

انسان، انسان را نابود می کند

بازی تو شروع شد. بیا سهام را بردار. یک اتفاق افتاد. تسبیح که دانه های گرد و براق و قشنگی داشت، پاره شد و همه ی دانه ها به زمین ریختندو دانه ها صاف و صیقلی و شفاف بودند و مدام می چرخیدند و قل می خوردند. یا نزدیک می ماندند یا دور دور می‌شوند. و دیگر همه چی از کنترل خارج شد. و تمام! (همین جاست پایان پرده ی اول) چون دیگر ریسمانی نیست که به چنگ زد و پراکنده نشد. چکار باید کرد؟ فقط باید دوید و دوید تا یک سهم برداشت. دانه ها هر کجا می‌توانند باشند. زیر میز، زیر مبل، زیر کابینت ، زیر پا ، زیر چرخ ماشین ، ، گوشه ی کنج اتاق . شاید در کوچه در کنار دریچه ی فاضلاب یا داخل فاضلاب (دانه ی بیگناه). (یا برخورد به یک جسم سخت و شکستن و خراب شدن (دانه ی بدشانس) یا در گوشه ی تاریک و اصلا دیده نشود (دانه ی بدبخت).

ناگهان چراغ ها روشن می شود. چه راحت! دقیقاً جلوی چشم و قابل دیدن. کافی است دست دراز کرد تا آن را قاپید. ساده و آسان! چرا آسان ها بی ارزش می‌شوند؟ بی ارزش از لحاظ فکر کردن و در حالیکه همین آسان ها اگر با سختی و جان کندن بدست بیایند قدرتشان دانسته می شود. فکر درگیر میشود که چه خوب دانه پیدا شد. سهم آسان! حاضری

جایت را با سهم مشکل و سخت و غم انگیز عوض کنی؟ سهم آسان! از کجا معلوم که قرار نبود جایت با سهم سخت و نیمه شکسته یا کثیف یا از کارافتاده عوض می‌شد؟ از اول که همه ی دانه ها یکسان بودند. چرا بعضی شانس بیشتری داشتند برای کارآمد شدن. چقدر دردناک! شرایط داشتن شانس خوب ، به راحتی میسر نمی‌شود. چقدر هضم این حقیقت تلخ از پیش تعیین شده، یعنی همان پراکندگی دانه ها، غیر قابل پیش بینی و غیر قابل درک با این دانش ناقص . گویی لقمه ای داخل دهان شود از کنترل خارج می شود در پیمودن مسیر پر پیچ خم هضم. حالا چه کسی فکر می‌کند پراکندگی دانه ها را می شود کنترل کرد ؟ هرگز !! کاش می‌شد همه ی دانه ها شرایط یکسان داشتند تا بشود همه را راحت جمع کرد. کاش ساده لوحی و زود باوری در تخیل مسیر مثبت رو به جلو که می‌گوید:

همه چیز درست میشود . آنوقت از دید کوچولو های جهانگرد ، این عدالت به نظر می رسید . درسته ؟ انرژی منطق بر پایه ی استاندارد ابتدایی، ترازوی عدالت را که انسان خودش ساخته بود ، پر می‌کرد. عدالتی که ادعا می‌کند انصاف را می فهمد و درک می‌کند. ولی عکس عاملش در مواجهه با شرایط دشوار در چرخش به نفع نگه داشتن سهم خودش تغییر می‌کند. کاملاً می فهمم! من هم مثل همه ی شما درگیر دانستن فلسفه شدم. وقتی نخ تسبیح با شدت پاره می شود و دیگر نمیتوان مهره ها یک جا نگه داشت . ولی سهم آسان، برایت یک پیشنهاد دار

اگر خوش شانس بودی که راحت دست کسی افتادی بیا و لطفی (۱) بکن! به خاطر این خوش شانسی، کمک کن تا یک سهم سخت هم شاید پیدا شود. هر چند این لطفی است که به خودت می کنی. چون قویترین و لازمترین بخش خودت یعنی تکامل و ارتباط بین انرژی و احساس در این جسم چند روزه که هست ، نیاز به اثبات مفید بودن دارد. آن زمانی که قرار است همه ی دانه ها باز دور هم جمع گردند . وقتی خدا، پدرمان ، از ما سوال کند در سبدت چند دانه بیشتر داری ؟

با شوق سبدت را نشان پدرت بدهی .چون قرار است دوباره با دانه های باقیمانده تسبیح دیگری نو سازی بشود ،(مقصود عشق بود ، دنیا را بهانه آفریدیم) انتهای پرده ی دوم. پرده ی آخر : از آنجا که این تسبیح قرار است باز سازی شود . ای انسان ! من به تو هشدار می‌دهم دست از دستکاری بقیه ی انسان‌ها بردار .هر کس باید جای خودش باشد. انسانی که قادر نیست انسانی تولید کند که احساس داشته باشد، چرا فکر می‌کند باید بقیه ی انسان‌ها را از لحاظ فکری کنترل کند. کنترل منفی را متوقف کنید. با کنترل منفی، جابجایی نا ممکن، به ممکن بر نمی گردد. واضح و شفاف است، سرایدار یا نگهبان یک پارکینگ نمی تواند مثل رییس یک کمپانی بزرگ تصمیم بگیرد یا مسئول پرتاب موشک به فضا شود پس هر کسی سر جای خودش. همدیگر را نابود نکنید. داستان آخرین حکایت واقعیت این دوره ی زمانی را صریحاً بازگو می‌کند لطفی بکن و دوباره بخوان .

God creates Energy

Energy Builds Human

Human Ruins human